NORDRHEIN WESTFÄLISCHE AKADEMIE DER WISSENSCHAFTEN

Nordrhein-Westfälische Akademie der Wissenschaften

Ingenieur- und Wirtschaftswissenschaften Vorträge · I 2

Herausgegeben von der
Nordrhein-Westfälischen Akademie der Wissenschaften

HEINZ GROSSEKETTLER

Dynamik und Koordinationseffizienz von Marktprozessen im Verarbeitenden Gewerbe Deutschlands

Westdeutscher Verlag

Sitzung am 1. Dezember 1999 in Düsseldorf

Die Deutsche Bibliothek – CIP-Einheitsaufnahme

Ein Titeldatensatz für diese Publikation ist bei
Der Deutschen Bibliothek erhältlich.

Der Westdeutsche Verlag ist ein Unternehmen der Fachverlagsgruppe BertelsmannSpringer.

Gedruckt auf säurefreiem Papier.
Herstellung: Westdeutscher Verlag

ISBN-13: 978-3-531-08502-9 e-ISBN-13: 978-3-322-85503-9
DOI: 10.1007/978-3-322-85503-9

Inhalt

Dynamik und Koordinationseffizienz von Marktprozessen im Verarbeitenden Gewerbe Deutschlands*

von *Heinz Grossekettler*, Münster

1. *Zweifel an der Erfahrungskonformität des ökonomischen Standardmodells*

1.1 Erster Überblick

Marktprozesse sollen das Verhalten von Wirtschaftssubjekten koordinieren und erfüllen in Marktwirtschaften damit ähnliche Aufgaben wie der Volkswirtschaftsplan in einer Zentralverwaltungswirtschaft. Wir verstehen ihre Funktionsweise aber noch nicht vollkommen, denn das arbeitsteilige Zusammenwirken von Menschen in Wirtschaftssystemen ist eher dem Zusammenspiel von Elementen in evolutionär entstandenen biologischen Systemen vergleichbar als dem Ineinandergreifen von Teilen in bewußt konstruierten Maschinen.

Dies macht es vielleicht auch für Laien verständlich, daß es unter Volkswirten Auffassungsunterschiede über die Funktionsweise von Märkten gibt. Man ist sich zwar einerseits darin einig, daß Märkte nicht nur Orte des Zusammentreffens von Angebot und Nachfrage nach Gütern und Faktoren sind, sondern daß auf ihnen über die Interaktionen von Anbietern und Nachfragern wichtige Koordinationsaufgaben erfüllt werden. Diese sollen für eine zweckmäßige Nutzung von Ressourcen sowie von Fähigkeitsunterschieden und weit verstreutem Wissen in einer Volkswirtschaft sorgen. Man streitet andererseits aber darüber, wie der Modus operandi der Koordinationsprozesse auf und zwischen Märkten beschaffen ist und unter welchen Umständen aus funktionellen Prozessen pathologische werden, wann Märkte als Koordinationsinstrumente also versagen.

Eine Hauptkampflinie im eben angesprochenen Streit verläuft zwischen den Vertretern des sogenannten neoklassischen Standardmodells[1] und den Anhän-

* Überarbeitete und erweiterte Fassung des Vortrags vom 1. 12. 1999. Die Vortragsform wurde beibehalten.

1 Einen Überblick über den aktuellen Stand dieses Standardmodells geben GEANAKOPLOS (1998) und MCKENZIE (1998); zur rechnergestützten Anwendung vgl. SCARF (1998).

gern der sogenannten Ungleichgewichtstheorie von Marktprozessen.[2] Bevor der Unterschied zwischen diesen Ansätzen erklärt werden kann, muß zwischen drei Formen der Interpretation des Standardmodells differenziert werden. Dieses kann nämlich als rein formales Modell, als normativer Standard und als positive Theorie aufgefaßt werden.

Interpretiert man das Standardmodell im ersten Sinn, geht man davon aus, daß es vermutlich einen empirischen Bezug haben werde, interessiert sich aber vorrangig für die Lösung des komplexen mathematischen Problems, ein allgemeines Gleichgewicht für eine Vielzahl verbundener Gegenwarts- und Zukunftsmärkte abzuleiten. Die hiermit verknüpften Fragen spielen im folgenden keine Rolle. Sieht man das Standardmodell als normatives Ideal an, fragt man danach, was ein wohlwollender Diktator realisieren müßte, wenn er eine effiziente Allokation der Ressourcen (einen paretooptimalen Zustand) herbeiführen und sogenanntes Marktversagen vermeiden wollte.[3] Auch diese Frage steht im folgenden nicht im Vordergrund. Faßt man das Standardmodell dagegen als positive Theorie auf, die reale Verhältnisse wenigstens in erster Näherung zweckmäßig widerspiegeln soll, stößt man auf den eben bereits angesprochenen Streit, der für die folgenden Ausführungen fundamental ist. Die Positionen in diesem Streit kann man als Null- und Alternativhypothese formulieren.

Die Anhänger der *Nullhypothese (ökonomisches Standardmodell)* sind der Meinung, daß auf allen Märkten ein (nicht näher spezifizierter und axiomatisch eingeführter) Tâtonnementprozeß wirksam ist, der dafür sorgt, daß exogene Störungen eines Gleichgewichtszustands 1 relativ schnell und zuverlässig zur Realisation eines Gleichgewichtszustandes 2 führen, der den neuen Daten angepaßt und stabil ist.[4] Es gibt in der Erfahrungswelt folglich kein Marktversagen aufgrund von Instabilitäten, sondern lediglich eines, das – z. B. über sogenannte Externalitäten wie eine vom Preismechanismus nicht erfaßte Umweltverschmutzung – zu Verzerrungen von Gleichgewichtszuständen führt. Deshalb braucht nicht dynamisch, sondern kann komparativ-statisch argumentiert werden (keine Darstellung von Marktprozessen, sondern Ver-

[2] Einen relativ guten Überblick über die Ungleichgewichtstheorie von Marktprozessen gewinnt man, wenn man die Überblicksartikel von BENASSY (1998a und 1998b) um Darstellungen zu den Ansätzen der sogenannten New Austrians ergänzt (HIGH 1990; KIRZNER, 1997).

[3] Paretooptimalität wird nach dem Ersten Hauptsatz der Wohlfahrtstheorie erreicht, wenn – untechnisch ausgedrückt – (1) alle notwendigen Märkte vorhanden sind, (2) alle Wirtschaftssubjekte sich wettbewerblich verhalten und (3) ein dynamisch stabiler Zustand des allgemeinen Gleichgewichts existiert. Ist eine dieser Bedingungen des Standardmodells verletzt, treten bestimmte Formen des Marktversagens auf (LEDYARD, 1998).

[4] Zum Tâtonnementprozeß vgl. HAHN (1998) und NEGISHI (1998).

gleich von Gleichgewichtszuständen). Theoriegeschichtlich kann diese Hypothese über einen Verweis auf ihre Hauptvertreter als *Walras-Samuelson-Arrow-Debreu-Gleichgewichtsansatz* bezeichnet werden. Ein charakteristisches Zitat ist als „Chicago-View of the Economic World“ bekannt und lautet: „(When working empirically one may assume), that, in absence of sufficient evidence to the contrary, one may treat observed prices and quantities as good approximations to their long-run competitive equilibrium values“ (REDER, 1982: 12).

Die Vertreter der *Alternativhypothese (Marktprozeßtheorie)* glauben nicht, daß Gleichgewichte durch gleichsam reibungslos verlaufende Tâtonnementprozesse schnell und sicher realisiert werden. Statt dessen seien Annäherungsprozesse an ein Gleichgewicht das Ergebnis von „alertness“ und „judgement“ von Unternehmern, die in einer Welt der Ungewißheit auf der Suche nach neuen Chancen Entdeckungen machen (HIGH, 1990; KIRZNER, 1992, 1997), dabei aber erhebliche Reibungswiderstände überwinden müssen. Da diese Sucharbeit nur von kapitalistischen Unternehmern verrichtet wird und zeitaufwendig ist, erfordert die Funktionsfähigkeit von Märkten kapitalistische Rahmenbedingungen und die produktive Nutzung von Ungleichgewichtsinformationen. Sie ist nur über dynamische Marktprozeßanalysen beurteilbar. Theoriegeschichtlich kann diese Hypothese als *Menger-Mises-Hayek-New-Austrians-Ungleichgewichtsansatz* bezeichnet werden. Einschlägige Ansichten werden heute vor allem von den „New Austrians“ vertreten; Unterstützung erhalten diese aber von Anhängern der Transaktionskostentheorie (ULPH/ULPH, 1975) und den Vertretern der Ungleichgewichtsanalyse i.e.S. (BENASSY, 1998a und 1998b) sowie – implizit – von experimentell arbeitenden Ökonomen (SMITH, 1998). Ein charakteristisches Zitat lautet: „Daß der Übergangsprozeß von einem Marktgleichgewicht zu einem anderen reibungslos verläuft, können nur Optimisten glauben. Zweifelhaft ist auch, ob man stets im neuen Gleichgewicht landet“ (SCHMIDTCHEN, 1995: 619).

Wenn sich zwei Hypothesen wie die Thesen des Standardmodells und der New Austrians widersprechen, ist in einer Erfahrungswissenschaft eine empirische Prüfung dieser Hypothesen erforderlich. Bisher scheiterten Tests auf Erfahrungskonformität jedoch an einem Problem, das man als Identifikationsproblem bezeichnet. Um die Grundstruktur dieses Problems erläutern und eine Möglichkeit seiner Umgehung aufzeigen zu können, muß nun zunächst geklärt werden, welche Marktprozesse es gibt und was in bezug auf ihre Funktionsweise strittig ist.

1.2 Ein prototypisches Beispiel für die Koordinationsleistung von Märkten: Markträumung auf einer Börse

Im folgenden soll zunächst an einem sehr einfachen Beispiel – dem der Markträumung auf einer Börse – erläutert werden, warum Volkswirte sagen, daß Märkte Koordinationsleistungen erbringen.

Unter Markträumung versteht man einen Prozeß, der dazu führt, daß alle Marktteilnehmer, die zum jeweils herrschenden Preis etwas kaufen möchten, dies auch tun können, und daß alle Verkaufswünsche ebenfalls befriedigt werden. Nachfrage- und Angebotsmengen stimmen dann überein, und die Differenz zwischen diesen Mengen nimmt folglich den Wert Null an oder wird jedenfalls minimal. Daß so etwas weder selbstverständlich noch unwichtig ist, kann man heute noch auf den EU-Agrarmärkten und konnte man früher z. B. auf den Endverbrauchermärkten der DDR beobachten. Auf ersteren gibt es Angebotsüberschüsse wie Butterberge und Milchseen, auf letzteren gab es für die meisten Güter lange Warteschlangen. Beides ist Ausdruck von Verschwendung. Wie der Ausgleich von Nachfrage- und Angebotsmengen auf Börsen zustande kommt, kennen dem Grundprinzip nach auch Nichtökonomen aus dem Ablauf von Versteigerungen: Man sucht mit Hilfe eines Auktionators nach einem Preis, der den gesuchten Ausgleich herbeiführt. Auf einer Börse kann dies z. B. erreicht werden, indem ein Makler in seinem Orderbuch die an einem bestimmten Tag vorliegenden Kauf- und Verkaufsaufträge aufschreibt und sie mit Hilfe einer ganz bestimmten Technik so ordnet, daß ein Preis sichtbar wird, der Nachfrage-Angebots-Differenzen minimiert und gleichzeitig die erzielbare Absatzmenge maximiert. Bildlich kann man dies so umsetzen, wie es in *Chart 1* dargestellt ist: Es gibt eine Angebotskurve, die von links unten nach rechts oben verläuft und zeigt, daß laut Orderbuch mit steigendem Preis die Preisuntergrenzen für immer mehr Verkaufsaufträge überschritten werden; auf der Nachfrageseite werden gleichzeitig immer mehr Preisobergrenzen für Kaufaufträge wirksam, so daß das Bild einer fallenden Nachfragekurve entsteht. Angebots- und Nachfragekurven spiegeln somit die Orderbereitschaften von Verkäufern und Käufern an einem bestimmten Börsentag wider. Die Gleichungen dieser Kurven kann man mit Hilfe von Regressionsanalysen aus dem Orderbuch des Maklers ermitteln.

Der Makler setzt den Preis auf einer solchen Börse so fest, daß

- die Nachfrage-Angebots-Differenzmenge x^D minimiert und
- die Absatzmenge maximiert wird.

Er könnte dies im Prinzip tun, indem er an jedem Tag den Schnittpunkt der jeweils gültigen Angebots- und Nachfragekurven ausrechnet und so für den ersten Tag (x_1/p_1) und für den zweiten Tag (x_2/p_2) als Gleichgewichtspunkte

Chart 1

Ermittlung von Gleichgewichtspreis und Gleichgewichtsmenge an der Börse

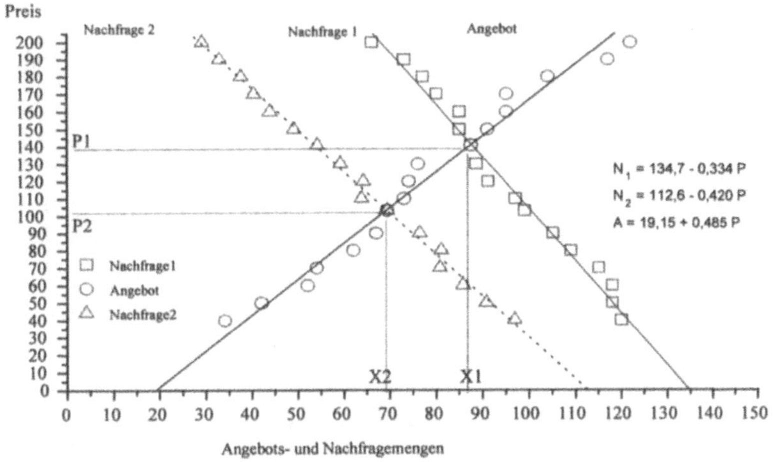

Aus dem Orderbuch des Maklers (Mengen in Stück an Tag 1)

Bei einem Preis von	werden nachgefragt	werden angeboten	werden umgesetzt	Differenz-menge
10 DM	153	17	17	136
20 DM	136	25	25	111
30 DM	126	32	32	94
40 DM	120	34	34	86
50 DM	118	42	42	76
60 DM	118	52	52	65
70 DM	115	54	54	61
80 DM	109	62	62	48
90 DM	105	67	67	39
100 DM	99	72	72	27
110 DM	97	73	73	24
120 DM	90	74	74	16
130 DM	87	76	76	11
140 DM	**85**	**85**	**85 (=max)**	**0 (= min)**
150 DM	85	91	85	-5
160 DM	85	95	85	-11
170 DM	80	95	80	-16
180 DM	77	104	77	-27
190 DM	73	117	73	-45
200 DM	66	122	66	-56

festlegt. Tatsächlich wendet er jedoch über seine Aufschreibetechnik oder ein Computerprogramm ein Iterationsverfahren an, das funktionell einem Regelungsprozeß entspricht. Hierbei wird von der sogenannten *walrasianischen Auktionatorregel* Gebrauch gemacht. Diese besagt, daß man einen Gleichgewichtspreis findet, indem man anhand des Orderbuchs die Nachfrage-

Angebots-Differenzmenge feststellt, die zu einem versuchsweise gesetzten Startpreis gehört, und den Preis dann so lange in kleinen Schritten entsprechend dem Vorzeichen der Differenzmenge variiert, bis diese Menge minimal ist und im Idealfall sogar den Wert Null annimmt. Erst wenn dieser Gleichgewichtspreis feststeht, wird das Gut auf der betrachteten Börse gehandelt, und zwar zum Gleichgewichtspreis.

Das vorstehend beschriebene Verfahren wird auf manchen Börsen auch heute noch in dieser oder in wenig modifizierter Form angewandt. Daß es zu Gleichgewichtswerten führt, ist unter Ökonomen unstrittig und kann in Experimenten nachvollzogen werden, die so organisiert sind, daß Orderbereitschaften ermittelt werden können. Der Disput zwischen den Vertretern des Standardmodells einerseits und denjenigen der Marktprozeßtheorie andererseits beginnt erst, wenn man die Funktionsweise von Märkten analysiert, die *nicht* wie die eben beschriebene Börse organisiert sind, d. h. auf denen es weder Kursmakler noch offen gelegte Orderbereitschaften gibt. Von den Vertretern des Standardmodells werden die eben geschilderten Ergebnisse auch für anders organisierte Märkte erwartet. In ihren Modellen spielen Nachfrage- und Angebotskurven eine Rolle, die als solche unbeobachtbar sind. Daß eine derartige Generalisierung ohne weiteres zulässig ist, wird von den Vertretern der Marktprozeßtheorie bestritten.

1.3 Neoklassische Generalisierungen und Einwände dagegen

Im eben beschriebenen Börsenmodell konnten Angebots- und Nachfragekurven aus dem Orderbuch des Maklers regressionsanalytisch abgeleitet werden. Sie können als Grenzen von Möglichkeitsräumen aufgefaßt werden: Nachfragekurven begrenzen den Nachfrageraum nach oben. Dieser zeigt, daß vorgegebene Mengen von den Käufern nur zu Preisen nachgefragt werden, die kleiner sind als der zugehörige Preis auf der Nachfragekurve oder diesem gleichen. Angebotskurven begrenzen den Angebotsraum nach unten. Dieser zeigt, daß vorgegebene Mengen von den Käufern nur zu Preisen angeboten werden, die höher sind als der zugehörige Preis auf der Angebotskurve oder diesem wenigstens gleichen. Die Schnittmenge des Nachfrage- und des Angebotsraums bildet den Möglichkeitsraum für Handelsgeschäfte. Bei allen Preisen außer dem Gleichgewichtspreis gibt es eine „kürzere Marktseite“, d. h. die Gegenseite kann nicht alle zu diesem Preis gewünschten Transaktionen durchführen. Erst im Gleichgewicht lassen sich alle Pläne ausführen, und unerwünschte Überschüsse und Defizite treten nicht auf: Es herrscht vollkommene Koordination. Diese äußerste rechte Ecke des Möglichkeitsraums zu erreichen und damit den Gleichgewichtspreis herauszufinden, war früher eine Kunst; Makler werden deshalb in Abhängigkeit von den abgesetzten Mengen honoriert und können auf manchen Börsen selbst Geschäfte beschränkten Umfangs abschließen, um der „Klumpigkeit" von Angebots- oder Nachfrageorders Rechnung zu tragen und Rationierungen möglichst gut zu vermeiden. Diese müßten als Geld- bzw. Briefkurse ausgewiesen werden. Heutige Informationsverarbeitungstechniken erleichtern den Ausgleich von Angebots- und Nachfragemengen im Vergleich zur Vergangenheit sehr stark.

Geht man nun zu einer anderen Börsenorganisation oder nicht börsenmäßig organisierten Märkten über, gelangt man rasch in Situationen, in denen es unmöglich wird zu prüfen, ob die laufenden Preise und Mengen Gleichgewichtswerten entsprechen. Dies liegt am sogenannten Identifikationsproblem, hier speziell daran, daß die Gleichungen von Angebots- und Nachfragekurven nicht mehr eindeutig abgeleitet werden können.[5]

In einem *ersten Generalisierungsschritt* kann man Börsen ohne Kursmakler betrachten, auf denen von allen Beteiligten An- und Verkaufskurse ausgerufen werden und alle sich verpflichtet haben, nur dann tatsächlich zu kaufen bzw. zu verkaufen, wenn keine weiteren Gebote mehr gemacht werden (sog. Tâtonnement ohne Auktionator), oder in denen Orders zunächst nur informationshalber ausgerufen und dann laufend korrigiert werden können (sog. Recontracting). Auf solchen Börsen sind Angebots- und Nachfragekurven bereits *nicht mehr identifizierbar*, weil es keine Orderzettel gibt, aus denen man ermitteln könnte, welche Angebots- und Nachfragemengen zu alternativ vorgegebenen Preisen gehören. Man kann aber Experimente konstruieren, die so geartet sind, daß der Experimentator aus der Versuchsanordnung entnehmen kann, wie hoch die Orderbereitschaften seiner Versuchspersonen sind (SMITH, 1998: 244 f.). Solche Experimente zeigen, daß die Gleichgewichtspreise im Zeitablauf gleichsam umspielt und insgesamt recht gut approximiert werden (ebenda, Fall des sog. Double-oral-auction-Procedere). Unter diesen Umständen kann der Gleichgewichtspreis also als stabil in dem Sinn betrachtet werden, daß der Erwartungswert der Abweichungen gegen Null tendiert (Stabilität im kybernetischen Sinn).[6]

Ändert man das Double-oral-auction-Procedere in Experimenten ceteris paribus so, daß nur die Anbieter Ordermöglichkeiten ausrufen (sog. Posted-offer-pricing-Procedere), wird deutlich, daß Verfahrensvorschriften einen

[5] Zur allgemeinen Darstellung des Identifikationsproblems vgl. HSIAO (1998).

[6] Bemerkenswerterweise wird dies Ergebnis von Vertretern der neoklassischen Theorie, welche die Effizienz verschiedener Formen von Handelsregeln vergleichen, als „Puzzle" bezeichnet, das theoretisch schlecht erklärbar ist (WILSON, 1998).

systematischen Einfluß ausüben können. Im vorliegenden Fall führt die Veränderung dazu, daß systematisch Preise oberhalb des Gleichgewichtspreises approximiert werden (SMITH, 1998: 245), kybernetisch gesprochen also dazu, daß eine bleibende Regelabweichung auftritt.

In *weiteren Generalisierungsschritten* kann man an die Stelle der verschiedenen Arten von börsenmäßigen Handelsregeln andere Formen der Marktorganisation setzen. Außerdem kann man dazu übergehen, nicht nur die Ergebnisse von An- und Verkaufsprozessen aus einem gegebenen Bestand zu analysieren, sondern auch Lageraufbau- und -abbau sowie Produktionsprozesse zuzulassen. Man gelangt dann sehr rasch in Bereiche, in denen man weder aus Experimenten noch sonstigen Quellen weiß, ob die in der Realität beobachteten Preis-Mengen-Kombinationen den im Prinzip existierenden Gleichgewichtswerten nahekommen oder nicht. Es ist lediglich sichergestellt, daß die betrachteten Preis-Mengen-Kombinationen irgendwo im Möglichkeitsraum liegen. Will man die Gleichgewichtsfrage mit Hilfe der Schätzung von Angebots- und Nachfragekurven klären, muß man zusätzliche Annahmen treffen, die als solche wiederum nicht prüfbar sind. Zur Beantwortung der Frage nach der Güte der Koordination ist man deshalb auf einen völlig neuen Ansatz angewiesen: Statt nach organisatorischen Arrangements oder Indizien zu suchen, die *für* Stabilität sprechen, oder dies mit einem Verweis auf Experimente zu behaupten, muß man nun nach *Indikatoren für individuell spürbare und damit auch abfragbare Ungleichgewichte* suchen. Bevor hierauf näher eingegangen wird, sollen jedoch weitere Generalisierungen betrachtet werden, die einen Übergang zu höheren Marktprozessen beschreiben.

Der Markträumungsprozeß wird auch als Prozeß der Herausbildung eines *kurzfristigen Gleichgewichts* beschrieben, wobei „kurzfristig" ein Synonym für „bei gegebenen Produktionskapazitäten" ist. Neben kurzfristigen Gleichgewichten gibt es auch langfristige. Die komparativ-statisch ausgestaltete Erklärung der Herausbildung dieser Gleichgewichte erfolgt auf der Basis der gleichen Hypothesen, die auch hinter dem Markträumungsprozeß und damit hinter der Erklärung des kurzfristigen Gleichgewichts stehen: Wir gehen davon aus, daß Menschen unter Berücksichtigung bestimmter Handlungsbeschränkungen nach Nutzen- bzw. Gewinnmaximierung streben und daß die sozialen Prozesse, die zu entsprechenden Gleichgewichtspositionen führen, in aller Regel dynamisch stabil sind. Das *langfristige Gleichgewicht* heißt so, weil die Produktionskapazitäten bei seiner Herausbildung in Abhängigkeit von Renditeerwartungen verändert werden und weil sich gleichzeitig meist auch die Zusammensetzung der Anbieterseite aufgrund von Marktein- oder Marktaustritten verändert. Das sind Prozesse, die deutlich mehr Zeit benötigen als die Herausbildung eines kurzfristigen Gleichgewichts. Ein weiteres

Gleichgewicht wird als *sehr langfristiges Gleichgewicht* bezeichnet. Es trägt seinen Namen, weil bei seiner Ableitung nicht nur berücksichtigt wird, daß Produktionskapazitäten verändert werden können, sondern daß sich bei genügend langer Anpassungszeit auch alle anderen Faktoren variieren lassen. Diese Anpassung der Produktionsstrukturen ganzer Branchen an neues technisches Wissen in bezug auf Produkte und Produktionsverfahren nimmt noch mehr Zeit in Anspruch als eine reine Kapazitätsvariation.[7]

Faßt man den materiellen Gehalt der Aussagen der ökonomischen Gleichgewichtsvorstellungen in geeigneter Form verbal zusammen und ergänzt sie um die Machtbeschränkungsfunktion von Wettbewerb, wird deutlich, daß marktwirtschaftliche Selbstregulierungsprozesse für die Erfüllung der folgenden, volkswirtschaftlich wichtigen Aufgaben sorgen sollen:

(1) Es soll eine Tendenz zum Ausgleich von Angebots- und Nachfragemengen geben, die eine Verschwendung von Produktionsfaktoren verhindert, welche sich z. B. in der Form der Produktion unabsetzbarer Güter oder in kostspieligen Wartezeiten oder überflüssigen Suchaktivitäten äußern könnte *(Markträumungsfunktion).*

(2) Über- und Unterrenditen und damit korrespondierende Überkapazitäten oder Kapazitätsengpässe sollen tendenziell dadurch abgebaut werden, daß Sach- und Humankapital zum Ort der höchsten Ergiebigkeit wandert und so auch für eine leistungsgerechte Einkommensverteilung sorgt *(Renditenormalisierungsfunktion).*

(3) Es sollte eine Tendenz zur Aushöhlung eventueller Übermachtpositionen von Anbietern oder Nachfragern beobachtbar sein, d. h. dazu, daß niemand dauerhaft über die Fähigkeit verfügt, Marktprozesse – auch solche auf vor- und nachgelagerten Märkten – so zu beeinflussen, daß an die Stelle des normalen Ablaufs eine Entwicklung tritt, die zu Monopol- und/oder politischen Verteilungskampfrenten führt *(Übermachterosionsfunktion).*

(4) Produktfortschrittsrückstände im Vergleich zu Märkten, auf denen weltweit als „Produkt- und Qualitätsführer" anerkannte Best-product-Unternehmen tätig sind, sollen abgebaut werden, damit die heimischen Anbieter

[7] Die ursprünglich auf MARSHALL zurückgehende Periodenunterscheidung wird heute in der Ökonomie unterschiedlich verwendet (HELM, 1998; PANICO/PETRI, 1998). Marshall hat mit „kurzfristig" eine Momentananpassung beschrieben, bei der sogar die Lagervorräte konstant bleiben. Allgemein kann man zwischen langsamen und schnellen Variablen unterscheiden und sagen, daß man die langsamen Variablen im Rahmen der Ableitung temporärer Gleichgewichte als (Quasi-)Konstante behandeln kann, wenn die Konvergenzgeschwindigkeit so groß ist, daß man von „struktureller Stabilität" im *mathematischen* Sinn sprechen kann (der vom ökonometrischen Sinn abweicht) und Pfadabhängigkeit vermieden wird (GANDOLFO, 1997: 337–341).

wettbewerbsfähig bleiben und die heimischen Nachfrager über ein möglichst großes Potential an Wahlmöglichkeiten verfügen *(Produktfortschrittsfunktion).*

(5) Verfahrensfortschrittsrückstände im Vergleich zu Märkten, auf denen weltweit als „Kostenführer" anerkannte Best-practice-Unternehmen tätig sind, sollen eliminiert werden, damit die heimischen Anbieter wettbewerbsfähig bleiben und die heimischen Nachfrager von möglichst günstigen Preis-Leistungs-Verhältnissen profitieren können *(Verfahrensfortschrittsfunktion).*

Von den Verfechtern des Standardmodells wird implizit behauptet, daß *alle* diese Prozesse reibungslos funktionieren. Die Vertreter der Marktprozeßtheorie halten dem eine Reihe von Einwänden entgegen.

Ein erster Einwand läßt sich bis auf WALRAS zurückverfolgen, den geistigen Vater des Tâtonnementprozesses. Dieser war zwar der Meinung, daß Ungleichgewichtssituationen Reaktionen auslösen, die zu neuen Gleichgewichten führen; gleichwohl glaubte er aber, daß exogen bedingte Gleichgewichtsstörungen so häufig sind, daß sich Märkte ständig in Bewegung befinden und ein allgemeines Gleichgewicht auf *allen* Märkten fast nie erreicht wird. Um dies zu veranschaulichen, verglich er das System der Märkte mit einem sturmgepeitschten See: Hier gibt es zwar endogene Kräfte, die in Richtung auf das Gleichgewicht „ruhige und glatte Seeoberfläche" wirken; gleichwohl ist der See aufgrund der Windkräfte und ihrer Nachwirkungen dauernd in Bewegung.[8] Hinzu kommt, daß die Fiktion eines Auktionators und eines Tâtonnementprozesses die Tatsache verschleiert, daß das Modell die Herausbildung des Gleichgewichtspreises unerklärt läßt und auch aus weiteren Gründen als logisch unvollständig betrachtet werden muß (HIGH, 1990: 23–36). Die Hypothese, daß Gleichgewichtspreise realisiert werden, ist somit schon bei WALRAS eine Black-box-Hypothese, deren Modus operandi ungeklärt ist. Deshalb kann man mit WAGNER (1978: 66f.) behaupten, ein wesentlicher Unterschied zwischen dem neoklassischen Standardmodell und der Position vor allem der New Austrians bestehe darin, daß die Stabilitätshypothese im Standardmodell als Black-box-Hypothese eingeführt und nicht bezweifelt wird, während die New Austrians sich im Anschluß an MENGER um eine Aufhellung der Black-box bemü-

[8] Vgl. hierzu WALKER (1996: 26), der nicht nur die verschiedenen Stellen aufweist, an denen WALRAS dieses Beispiel gebraucht hat, sondern auch einen geordneten Überblick über die *verschiedenen* Arten von Marktmodellen gibt, die WALRAS konstruiert hat und die sich teilweise stark von der Darstellung unterscheiden, die ihm heute gerade von Vertretern des Standardmodells vielfach unterstellt wird.

hen und die generelle Erfahrungskonformität des Stabilitätsaxioms bezweifeln.

Die dogmengeschichtliche Wurzel der New-Austrians-Position reicht in den deutschsprachigen Raum zurück. Hier hatte MISES (1922: 199 ff.) bereits im Rahmen der Debatte um die sogenannte Wirtschaftsrechnung im Sozialismus teils ex-, teils implizit dargelegt, daß nicht nur sozialistische Zentralverwaltungswirtschaften an Informationsproblemen scheitern würden, sondern auch sozialistische Marktwirtschaften. Verführt von der im Standardmodell angelegten Vorstellung eines mechanischen Tâtonnementprozesses sind solche Modelle später vor allem von LANGE (1936/37) und LERNER (1937) theoretisch entwickelt worden (KOWALIK, 1998). In der Praxis wurden sie nur ansatzweise realisiert und sind in dieser Form dann tatsächlich gescheitert (BRUS, 1998). Die Hauptursache ist von HIGH (1990) und vor allem KIRZNER (1992) in Fortsetzung von Gedanken VON HAYEKS (1937, 1945) mit Begriffen wie „Existenz vollkommener Unkenntnis von Chancen (utter ignorance)“, „Grundproblem des Erkennens von Chancen (basic knowledge problem)“ und „Notwendigkeit einer Lagebeurteilung auf unsicherer Basis (judgement)“ belegt und mit der Schilderung eines Entdeckungsprozesses verknüpft worden, zu dessen Durchführung nur Unternehmer in einer kapitalistischen Marktwirtschaft in der Lage und motiviert sind: Neben Prozessen einer planvollen Suche nach Informationen oder Chancen, von denen viele zu wissen glauben, daß sie existieren, gäbe es erhebliche Einschätzungsunterschiede bei der Beurteilung von Chancen (Existenz von „Bullen“ *und* „Bären“ auf ein und demselben Markt) und vor allem auch ein rein zufälliges Entdecken von Chancen, die bis dato stets übersehen wurden und gleichsam nur darauf warteten, ergriffen zu werden. Insbesondere Einschätzungsunterschiede und das Entdecken bisher übersehener Chancen trieben Marktprozesse voran und seien von größter Bedeutung für das Wirtschaftswachstum. Im vollen Bewußtsein der Existenz von Einschätzungsunterschieden Entscheidungen auf unsicherer Basis zu fällen und bisher unentdeckte Chancen entschieden zu ergreifen, sei die Hauptaufgabe „alerter Unternehmer“, die aufgrund der Kompetenzverteilungs- und Motivationsstruktur nur in kapitalistischen Marktwirtschaften ihre Rolle erfüllen könnten. Die Hauptleistung des Preissystems in solchen Wirtschaften sei damit darin zu sehen, daß es die Offenheit für neue Erkenntnisse, die Bereitschaft zum Ergreifen bis dato unbeachteter Chancen sowie den Willen und die Fähigkeit prämiere, auf neue Wege – ggf. auch als Imitator – einzuschwenken. Nur hier bestehe nämlich die Chance, auf der Basis eigener Überzeugungen und eigenen Risikos zu handeln, wenn man zu erkennen glaubt, daß es gewinnträchtige Verbesserungsmöglichkeiten gibt und daß Situationen, die man bisher als nicht verbesserbare Gleichgewichtszustände eingeschätzt hat, in Wirklichkeit Ungleichgewichtszustände gewesen sind. Die Koordinationsfunktion des Preissystems bestehe deshalb – anders als es das Standardmodell darlegt – *nicht* etwa vorwiegend darin, das volkswirtschaftliche Knappheitsproblem in jeder Zeitperiode durch ein System von Gleichgewichtspreisen zu lösen, das optimale Zustände des Koordiniert*seins* herbeiführt; sie bestehe vielmehr vor allem darin, durch die Förderung von Wagemut und Anpassungsbereitschaft immer bessere Entwicklungspfade und damit neuartige Prozesse des Koordiniert*werdens* herauszufinden.

Eine dritte Gruppe von Kritikern ist den Vertretern des Standardmodells mit den Anhängern der Neuen Institutionenökonomik und speziell der Transaktionskostenanalyse entstanden sowie mit experimentell arbeitenden Ökonomen. Transaktionskosten sind Nebenkosten wie etwa Suchkosten oder Zahlungen an Notare, die letztlich immer der Überwindung von Informationsmängeln und damit dann z. B. auch der Ausschaltung von Betrugsmöglichkeiten dienen. Sie sind mit Reibungskräften in physikalischen Systemen verglichen worden und wirken sich wie Biokatalysatoren in biologischen Systemen auf die Ablaufgeschwindigkeit von Prozessen in ökonomischen Systemen aus. Hierdurch bewirkte Geschwindigkeitsunterschiede können verhindern, daß sich ein *allgemeines* Gleichgewicht herausbildet (ULPH/ULPH, 1975); in die gleiche Richtung deuten wie gesagt Modelle der Ungleichgewichtstheorie i. e. S. (BENASSY, 1998 a u. 1998 b) und Ergebnisse der experimentellen Ökonomik (SMITH, 1998).

Wie eingangs schon ausgeführt, gibt es unter Ökonomen somit erhebliche Meinungsverschiedenheiten darüber, auf welche Weise und wie schnell und perfekt Märkte koordinieren. Einer empirischen Prüfung der Nullhypothese „Koordination gemäß Standardmodell" und der Alternativhypothese „Koordination gemäß Marktprozeßtheorie" stand bisher das Identifikationsproblem entgegen, das eine Abbildung von Nachfrage- und Angebotskurven sowie von deren Verschiebungen und damit auch der Marktdynamik verhinderte. Nun ist zu zeigen, wie dieses Problem umgangen werden kann.

2. *Abbildung der Dynamik von Marktprozessen*

2.1 *Regelkreisdarstellung von Marktprozessen*

Eine Umgehung des Identifikationsproblems wird möglich, wenn man den Versuch aufgibt, Nachfrage- und Angebotskurven als solche sichtbar zu machen, und sich stattdessen bemüht, das zu operationalisieren, was den eigentlichen sozialen Mißstand ausmacht: *Differenzen* zwischen Nachfrage-

und Angebotsmengen. Wie gleich gezeigt werden wird, ist dies mit Hilfe von Indikatoren möglich, die bereits benutzt werden, und zwar vor allem in der Konjunkturforschung. Man kann unter Verwendung dieser Indikatoren empirisch zeigen, daß Nachfrage-Angebots-Differenzen und andere Ungleichgewichtsphänomene Reaktionen auslösen, die zu ihrer eigenen Beseitigung führen. Wenn ein Zusammenhang zwischen bestimmten Variablen so geartet ist, daß eine unerwünschte Erscheinung durch ihr bloßes Auftreten Reaktionen auslöst, die zum Verschwinden dieser Erscheinung führen, spricht man von einer negativen Rückkopplung innerhalb eines Regelkreises. Ein Standardbeispiel für das Wirken eines Regelkreises bildet die Temperaturregulierung durch eine Klimaanlage. Exogene Störungen in Form von Schwankungen der Außentemperatur können hier dazu führen, daß die Isttemperatur in einem Raum von einer gewählten Solltemperatur abweicht und daß somit eine Regelgröße, die als Soll-Ist-Differenz definiert ist, einen Wert ungleich Null annimmt. Wird solch ein Istwert der Regelgröße dem Regler – im Beispiel also einem Thermostaten – gemeldet, sorgt dieser über einen geeigneten Stellbefehl – hier also das Einschalten eines Heiz- oder Kühlaggregats – dafür, daß die Soll-Ist-Abweichung reduziert und die Regelgröße somit wieder in Richtung ihres Sollwerts Null gezwungen wird.

Daß Regelkreismodelle, die ursprünglich für technische Zwecke entwickelt wurden, auch im Bereich der Ökonomie sinnvoll angewandt werden können, ist schon seit mehr als 200 Jahren bekannt. ADAM SMITH, der mit seinem „Wohlstand der Nationen" gleichsam die Bibel der Nationalökonomen geschrieben hat, war nämlich ein guter Freund von JAMES WATT und hat im Gedankenaustausch mit ihm bewußt versucht, Ideen, die dieser bei der Konstruktion des Fliehkraftreglers entwickelt hatte, in den Bereich der Ökonomie zu übertragen (MAYR, 1971).

Wenn man die Erfüllung der oben genannten Aufgaben von Marktprozessen als Regelkreise darstellen will, muß man die Regelgrößen als Differenzgrößen definieren, die den Wert Null annehmen sollen, weil davon abweichende Werte als wohlfahrtsschädlich angesehen werden. Das ist auch ohne weiteres möglich:

– Nachfrage-Angebots-Differenzen sind Differenzmengen,

– Kapazitätsengpässe und Überkapazitäten schlagen sich in Über- bzw. Unterrenditen nieder und sind somit ebenfalls als Differenzgrößen darstellbar,

– Übermachtpositionen einer Marktseite können als Differenzen zwischen Werten von Machtindizes auf der Angebots- und der Nachfrageseite dargestellt werden, und

– Fortschrittsrückstände bei Produkten oder Verfahren lassen sich als Differenzen zwischen den Marktanteilen neuer Produkte bzw. Verfahren

Chart 2

Marktprozesse als Regelkreise: Regel- und Stellgrößen

Prozeß	Regelgröße (Zielvariable)	Sollwert (Gleichgewichtswert)	Stellgröße (Instrumentvariable)
Markträumungsprozeß (M-Pozeß)	Differenzmenge $x^D = x^N - x^A$	$x^D = 0$	Preisvariationen Δp
Renditenormalisierungsprozeß (R-Prozeß)	Differenzrendite $r^D = r^U - r^V$	$r^D = 0$	Variationen der Kapazitätswachstumsrate Δw
Übermachterosionsprozeß (Ü-Prozeß)	Machtdifferenz $m^D = m^A - m^N$	$m^D \leq \|0,1\|$	evozierte Strukturvariationen Δm_e^D
Produktfortschrittsprozeß (P-Prozeß)	Produktfortschrittsrückstände $q^{DP} = q^P{}_U - q^P{}_V$	$q^{DP} = 0$	evozierte Intensivierung von Such- und Imitationsprozessen Δq_e^{DP}
Verfahrensfortschrittsprozeß (V-Prozeß)	Verfahrensfortschrittsrückstände $q^{DV} = q^V{}_U - q^V{}_V$	$q^{DV} = 0$	evozierte Intensivierung von Such- und Imitationsprozessen Δq_e^{DV}

Legende: x^N = Nachfragemenge, x^A = Angebotsmenge, r^U = Rendite auf dem Untersuchungsmarkt, r^V = Rendite auf einem Vergleichsmarkt mit Normalverzinsung, m^A = Maß der Anbietermacht, m^N = Maß der Nachfragermacht, $q^P{}_U$ = Marktanteil neuer Produkte auf dem Untersuchungsmarkt, $q^P{}_V$ = Marktanteil neuer Produkte auf einem führenden Vergleichsmarkt, $q^V{}_V$ = Produktionsanteil neuer Verfahren auf dem Untersuchungsmarkt, $q^V{}_V$ = Produktionsanteil neuer Verfahren auf einem führenden Vergleichsmarkt. Tiefindex e = evoziert.

erfassen, die für Weltqualitäts- bzw. -kostenführer einerseits und die Anbieter auf heimischen Märkten andererseits ermittelbar sind.

Chart 2 gibt einen Überblick über diese Zusammenhänge.

Neben den Regelgrößen sind in Chart 2 auch die einschlägigen Stellgrößen aufgeführt. Beim Markträumungsprozeß sind dies Preisvariationen, beim Renditenormalisierungsprozeß Variationen der Kapazitätswachstumsrate und beim Übermachterosionsprozeß evozierte Strukturvariationen wie etwa die Gründung einer Beschaffungsgenossenschaft als Reaktion auf die bisherige Monopolstellung eines Landhändlers. Bei den Fortschrittsprozessen schließlich verringern Beschleunigungen von Entwicklungs- und Imitationsprozessen den Abstand zu Benchmarkunternehmen.

Die Regelkreise, die hier vorerst nur mit Hilfe von Angaben zu den Regel- und Stellgrößen und Andeutungen des Weges einer negativen Rückkopplung beschrieben wurden, dürfen nicht isoliert betrachtet werden, sondern bilden ein vermaschtes System. Man kann sie in gewisser Weise mit einem Uhrwerk vergleichen, in dem unterschiedlich schnell laufende Teilsysteme unterschiedliche Teilaufgaben erfüllen, welche gemeinsam zur Lösung einer Gesamtaufgabe führen. Die Vermaschung der Regelkreise kommt dadurch zustande, daß Stellgrößenbewegungen bei einem Regelkreis 1 als Störungen in einen Regelkreis 2 eingehen und dort Veränderungen der Regelgröße bewirken, welche den Regelkreis 2 anstoßen. Wenn ein Produktfortschritt z. B. dazu führt, daß sich die Nachfragekurve auf einem Markt nach außen verschiebt, und wenn hierauf mit einer Preiserhöhung geantwortet wird, so ist damit in aller Regel auch eine Renditeerhöhung verbunden, die im Rahmen des Renditenormalisierungsprozesses dazu führt, daß die Kapazitäten ausgebaut werden. Dieser Kapazitätsausbau hat nach einiger Zeit nun wiederum zur Folge, daß sich auch die Angebotskurve verschiebt, und zwar so, daß der Gleichgewichtspreis sinkt. Man kann die Vermaschungen über ein Blockschaltbild darstellen. Ich will hierauf nicht näher eingehen, möchte aber darauf hinweisen, daß wir an meinem Institut ein Simulationsmodell konstruiert haben, das wir benutzen, um die Stabilitätseigenschaften sowohl der isolierten Einzelregelkreise als auch des Gesamtsystems zu prüfen und um Prüfgrößen für diese Stabilitätseigenschaften zu entwickeln. Mit Hilfe dieses Simulationsmodells läßt sich z. B. zeigen – wenn auch nicht endgültig beweisen –, daß partiell stabile Einzelregelkreise unter ungünstigen Umständen so gekoppelt sein können, daß das Gesamtsystem zu explosiven Schwingungen neigt. Da dies wie gesagt selbst dann passieren kann, wenn beim isolierten Wirken jedes einzelnen Prozesses Stabilität im Sinne der Beseitigung von Regelabweichungen beobachtbar gewesen wäre, muß man *partielle* und *globale* Stabilität voneinander unterscheiden. Außerdem muß man – und das ist sehr wichtig und entspricht dem Ansatz der New Austrians – eine Schilderung der evolutorischen Kräfte, die zu einem sozialen Selbstregulierungsprozeß führen, von der empirischen Beantwortung der Frage unterscheiden, ob dieser Selbstregulierungsprozeß stabil im kybernetischen Sinne ist.

Auf die Schilderung der evolutorischen Kräfte, die zur Entstehung von Regelkreisen und damit sozialen Selbstregulierungsprozessen führen, kann hier nicht im einzelnen eingegangen werden. Neben einem Verweis auf die Literatur (GROSSEKETTLER, 1999: 109–122) mag hier der Hinweis genügen, daß die Prozesse von kreativen (kapitalistischen) Unternehmern vorangetrieben werden, die nach neuen Möglichkeiten zur Realisierung von Vorsprungsgewinnen suchen und hierbei dezentral Informationen verwerten, die – wie von den New-Austrians im Anschluß an MISES und VON HAYEK beschrieben und oben angedeutet – ohne solche Suchaktivitäten nicht zur Verfügung ständen.

Ob die auf diese Weise entstehenden Regelkreise stabil im kybernetischen Sinne sind, läßt sich anhand einer Beurteilung der Entwicklungsmuster von Zeitreihen beantworten. Dies soll nun zunächst am Beispiel des Markträumungsprozesses gezeigt werden.

2.2 Dynamik des Markträumungsprozesses

Man betrachtet einen Regelkreis als stabil, wenn exogen bedingte Gleichgewichtsstörungen (also Soll-Ist-Abweichungen) durch endogen evozierte Reaktionen so kompensiert werden, daß die Regelgröße im Zeitablauf in tolerierbarer Weise um ihren Sollwert schwankt. Eine Grundvoraussetzung hierfür ist, daß eine einmalige und isolierte Regelabweichung Reaktionen auslöst, die zu einer möglichst schnellen Wiederannäherung an den Sollwert führen, sei es nun in asymptotischer Form, sei es in Form gedämpfter Schwingungen. Diese Grundvoraussetzung läßt sich am einfachsten in einer Weise beschreiben, die in *Chart 3* am Beispiel des Markträumungsprozesses dargestellt ist. Wir sehen hier ein Regelkreisschema und Übergangsfunktionen für den Regler und die Regelstrecke. Die Übergangsfunktion für den Regler entspricht der sogenannten Preisanpassung nach WALRAS. Werden die Übergangsfunktionen als Differenzengleichungen erster Ordnung dargestellt, ergibt sich eine Stabilitätsbedingung, die man aus einer Anfangswertaufgabe ableiten kann. Sie ändert sich nicht, wenn mehrere Gleichgewichtsstörungen nacheinander abgebaut werden müssen.

In der Realität erfolgt die Ausregulierung von Gleichgewichtsstörungen wie gesagt nicht so mechanisch, wie das in Chart 3 dargestellt ist, sondern über unternehmerische Suchprozesse, die aus einer Folge von Experimentier-, Selektions- und Imitationsprozessen bestehen. Man kann nun aber prüfen, ob das Entwicklungsmuster einer Regelgröße, das man in der Realität vorfindet, einem Prozeßmuster entspricht, das man mit Hilfe eines stabilen Regelkreismodells gemäß Chart 3 im Zuge einer Simulation erzeugen könnte. Oder anders ausgedrückt: Man kann prüfen, ob reale unternehmerische Suchprozesse Als-ob-Regelkreisen walrasianischer Art entsprechen und damit qualitativ zum gleichen Endergebnis führen wie die Black-box-Vorstellung von einem walrasianischen Tâtonnementprozeß. Bei solch einer Prüfung kommt es auf einen Vergleich von Entwicklungs*mustern* an. Es geht also nicht etwa darum, die tatsächlichen Werte der Regel- und Stellgrößen zu reproduzieren oder gar zu prognostizieren, sondern darum zu analysieren, ob das empirisch

Chart 3

Vereinfachte Regelkreisdarstellung des Markträumungsprozesses

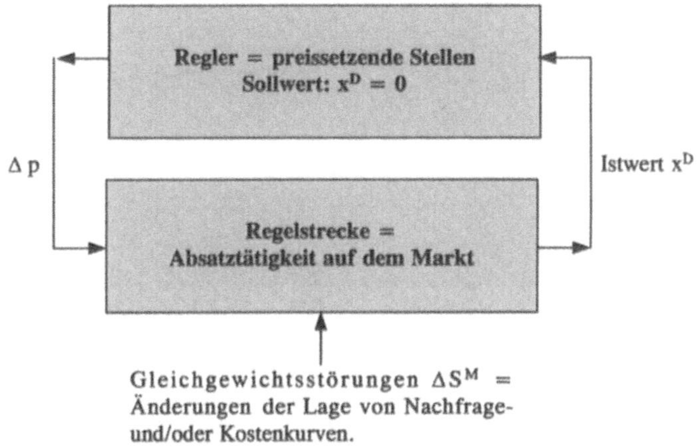

Übergangsfunktion für den Regler: $\Delta p = a^M x^D$ mit $a^M > 0$

Übergangsfunktion für die Regelstrecke: $x^D = b^M p + S^M$ mit $b^M < 0$

Stabilitätsbedingung bei Abbildung mit Hilfe von Differenzengleichungen 1. Ordnung: $-2 < a^M b^M < 0$

Beobachtbarkeit: x^D und Δp sind beobachtbar, während das Parameterprodukt $a^M b^M$ nur in Ausnahmefällen beobachtbar ist; die Erfüllung der Stabilitätsbedingung muß daher über *Prozeßmustertests* geprüft werden.

Operationalisierung:

x^D: Einschätzungsindikator aus Umfragen des ifo Instituts zur Beurteilung von Kapazitätsauslastungsgraden, Lagerbeständen und Lieferfristen. $x^D = 0$ bedeutet, daß die Urteile „normal" lauten.

Δp: Reale Veränderung des Erzeugerpreisindex (Deflationierung mit dem Erzeugerpreisindex im Verarbeitenden Gewerbe).

Nähere Beschreibung der Indikatoren: H. MUNSBERG (1994).

beobachtete Muster qualitativ einem Muster gleicht, wie man es im Wege der Simulation erzeugen kann, wenn man Übergangsfunktionen mit Parameterwerten verwendet, welche dynamische Stabilität garantieren. Beim Markträumungsprozeß sind dies die Parameterwerte a^M für die Preisanpassungsgeschwindigkeit und b^M für den Kehrwert der Steigung der Übernachfragefunktion.

Chart 4
Verlauf des Markträumungsprozesses in der Elektrotechnischen Industrie

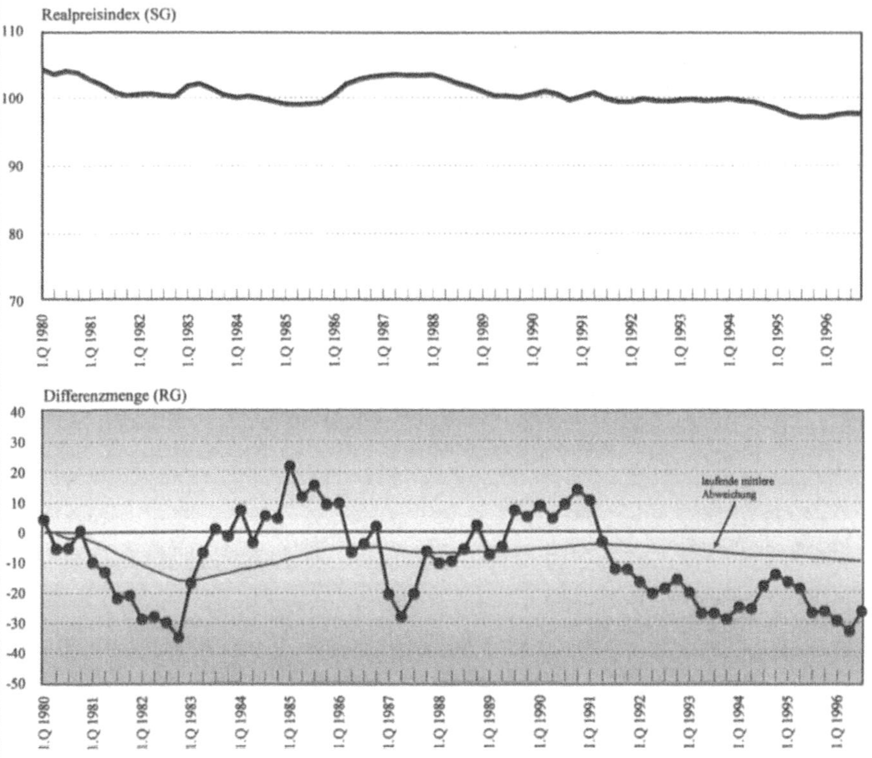

Stellgröße Realpreisindex: Preisindex für Erzeugnisse der Elektrotechnischen Industrie, deflationiert mit dem Preisindex für das gesamte Verarbeitende Gewerbe (1991 = 100, Datenquelle: Statistisches Bundesamt).
Regelgröße Differenzmenge: Einschätzungsindikator aus Umfragen des ifo Instituts zur Beurteilung von Kapazitätsauslastungsgraden, Lagerbeständen und Lieferfristen. Eine Differenzmenge von Null bedeutet, daß alle Urteile "normal" lauten, also die geplante Nachfrage und das geplante Angebot übereinstimmen.
Abweichungstest für die Differenzmenge: Getestet wird die Hypothese, daß das arithmetische Mittel der Differenzmenge bei einem Fehlerniveau von 5 v.H. nicht signifikant von Null verschieden ist, daß also die Differenzmenge - auf Dauer und im Durchschnitt gesehen - ausreguliert wird. Der t-Wert der Differenzmenge beträgt in der Elektrotechnischen Industrie $t = -5{,}691$, ist also betragsmäßig größer als der für $\alpha = 0{,}05$ und $v = 66$ tabellierte kritische t-Wert $t_{krit} = 1{,}99$. Deshalb kann von einem signifikanten Überangebot, d.h. einer signifikanten negativen Abweichung der Differenzmenge vom Sollwert Null gesprochen werden.

Führt man einschlägige empirische Untersuchungen durch, gelangt man zu dem in *Chart 4* dargestellten Ergebnis, daß die Interaktionen von Anbietern und Nachfragern in der Elektrotechnik zu einem Markträumungsprozeß führen, der einem stabilen Simulationsprozeß qualitativ entspricht. Anders als vom Standardmodell prognostiziert, kann man jedoch nicht sagen, daß man

Chart 5
Verlauf des Markträumungsprozesses in der Feinkeramikindustrie

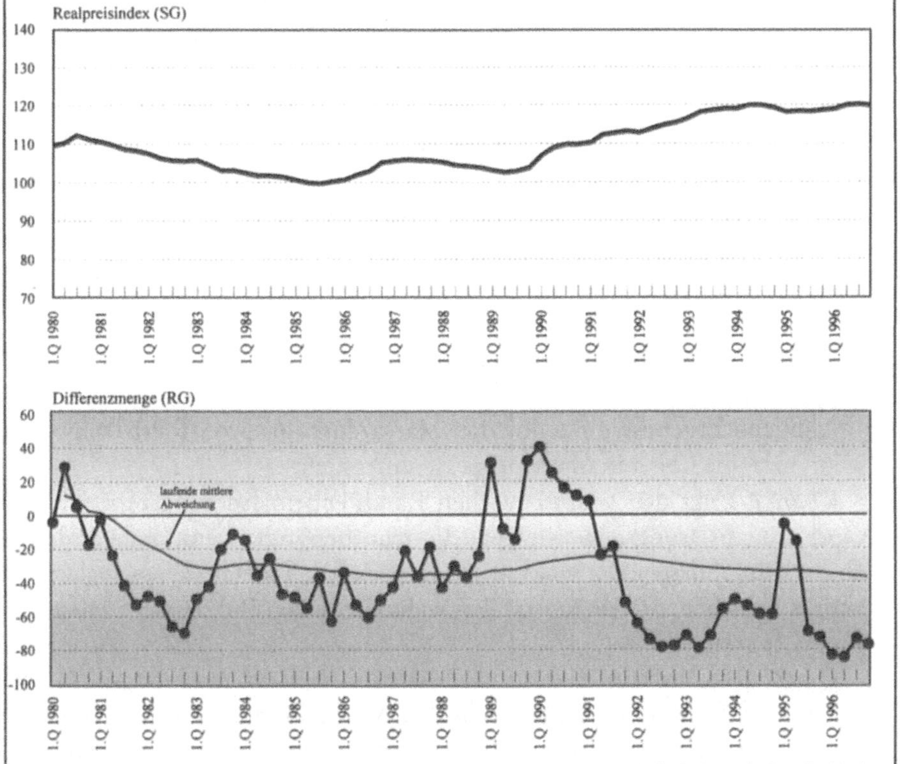

Stellgröße Realpreisindex: Preisindex für Erzeugnisse der Feinkeramikindustrie, deflationiert mit dem Preisindex für das gesamte Verarbeitende Gewerbe (1991 = 100, Datenquelle: Statistisches Bundesamt).
Regelgröße Differenzmenge: Einschätzungsindikator aus Umfragen des ifo Instituts zur Beurteilung von Kapazitätsauslastungsgraden, Lagerbeständen und Lieferfristen. Eine Differenzmenge von Null bedeutet, daß alle Urteile "normal" lauten, also die geplante Nachfrage und das geplante Angebot übereinstimmen.
Abweichungstest für die Differenzmenge: Getestet wird die Hypothese, daß das arithmetische Mittel der Differenzmenge bei einem Fehlerniveau von 5 v.H. nicht signifikant von Null verschieden ist, daß also die Differenzmenge - auf Dauer und im Durchschnitt gesehen - ausreguliert wird. Der t-Wert der Differenzmenge beträgt in der Feinkeramikindustrie t = -9,459, ist also betragsmäßig größer als der für $\alpha = 0{,}05$ und $\nu = 67$ tabellierte kritische t-Wert t_{krit} = 1,99. Deshalb kann von einem signifikanten Überangebot, d.h. einer signifikanten negativen Abweichung der Differenzmenge vom Sollwert Null gesprochen werden.

sich nahezu ständig im Gleichgewichtszustand befindet, sich also gleichsam auf der Null-Linie bewegt. Der Zeitbedarf für eine Anpassung von Regelabweichungen ist zudem fühlbar (und von Branche zu Branche verschieden hoch). Führt man einen Abweichungstest durch, sieht man außerdem, daß im Falle der Elektroindustrie die Nullhypothese, der Erwartungswert der Regelabweichungen weiche nicht systematisch vom Wert Null ab, zurückgewiesen werden muß.[9] Das kann hier allerdings plausibel damit erklärt werden, daß die exogenen Störgrößen aller Wahrscheinlichkeit nach einseitig verteilt waren, und deutet somit nicht auf eine Instabilität in Form einer bleibenden Regelabweichung hin.[10] In den meisten Branchen des Verarbeitenden Gewerbes kommt man zu dem Ergebnis, daß die Markträumungsprozesse als stabil betrachtet werden können (MUNSBERG, 1994). Wie *Chart 5* zeigt, gibt es allerdings auch Ausnahmefälle, in denen das betrachtete Muster – wie in der Feinkeramikindustrie – eher gegen einen funktionellen Regelungszusammenhang spricht, weil sich die laufende mittlere Abweichung trendmäßig (absolut) vergrößert.

2.3 Dynamik der Marktprozesse höherer Art

Ähnliche Ergebnisse wie für den Markträumungsprozeß erhält man auch, wenn man die höheren Marktprozesse untersucht.

Chart 6 zeigt den walrasianischen Renditenormalisierungsprozeß und die Operationalisierungsanweisungen, die man benötigt, wenn man prüfen will, ob die tatsächlichen Entwicklungsmuster für die Existenz eines realen Regelkreises sprechen, der einem stabilen walrasianischen Prozeß dem Muster nach äquivalent ist.

Die Regelgröße wird hier durch Renditedifferenzen markiert, die bewirken sollen, daß Produktionsfaktoren in den Markt immigrieren, um Kapazitätsengpässe zu beseitigen, oder daß sie aus ihm emigrieren, um Überkapazitäten

[9] Ein Abweichungstest setzt an sich die Realisation bestimmter Bedingungen bezüglich der Größe und Verteilung der Störgrößen und der Schnelligkeit ihrer Ausregulierung voraus. Ob dies empirisch der Fall ist, weiß man nicht. Da es aber unwahrscheinlich ist, daß sich Datenreihen zufällig zu theoretisch postulierten und auf Stabilität hindeutenden Mustern ordnen, kann man sagen, daß das Testergebnis „Stabilität" vertrauenswürdig ist, während das Ergebnis „Instabilität" auch auf der Verletzung von Anwendungsbedingungen für den Test beruhen kann.

[10] Die empirische Identifikation von Instabilitäten wird nach einer bestimmten Methode – der sogenannten Koordinationsmängel-Diagnose – vorgenommen. Diese geht von einer Stabilitätsvermutung aus und verlangt vom Diagnostiker, Instabilität im Wege einer *Ausschlußdiagnose* und damit so vorzunehmen, daß zunächst alle anderen Erklärungsmöglichkeiten für ein empirisch vorgefundenes und auf Instabilität hindeutendes Prozeßmuster geprüft und erst am Schluß – als letzte Erklärungsmöglichkeit im Rahmen einer Differenzialdiagnose – die Feststellung herangezogen wird, die Stabilitätsbedingung sei verletzt. Ein solches Vorgehen liegt nahe, weil wir einerseits bereits aus vielen Untersuchungen wissen, daß die meisten Märkte kybernetisch stabil sind, und weil man andererseits die entscheidenden Parameter a und b – von Ausnahmen abgesehen – nicht direkt beobachten kann.

Chart 6

Vereinfachte Regelkreisdarstellung des Renditenormalisierungsprozesses

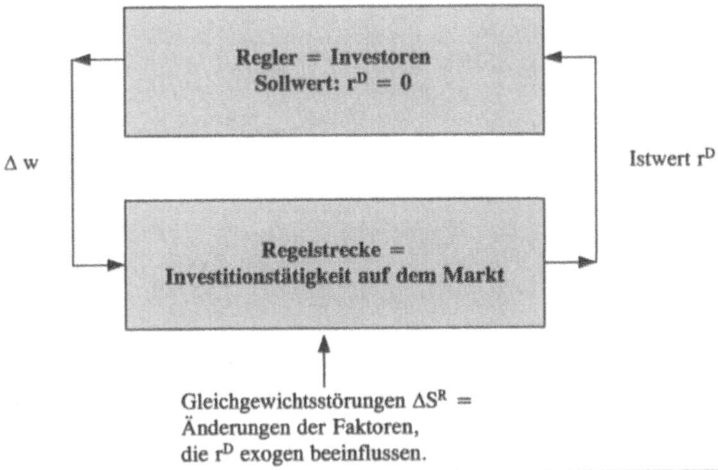

Übergangsfunktion für den Regler: $\Delta w = a^R r^D$ mit $a^R > 0$

Übergangsfunktion für die Regelstrecke: $r^D = b^R K + S^R$ mit $b^R < 0$

(K = Kapazitätsindex, der sich aus einem Startwert und w ergibt.)

Stabilitätsbedingung bei Abbildung mit Hilfe von Differenzgleichungen 1. Ordnung: $-2 < a^R b^R < 0$

Beobachtbarkeit: r^D und Δw sind beobachtbar, während das Parameterprodukt $a^R b^R$ nicht beobachtbar ist; die Erfüllung der Stabilitätsbedingung muß deshalb über *Prozeßmustertests* geprüft werden.

Operationalisierung:

- r^D: Bundesbankdaten zu den Renditen im Untersuchungsmarkt und im übergeordneten Wirtschaftsbereich, gebildet aus dem ordentlichen Betriebsergebnis und den Veränderungen der Rückstellungen im Verhältnis zum betriebsnotwendigen Vermögen.
- w: Wachstumsrate von K.
- K: Potentielles Bruttowertschöpfungsvolumen zu konstanten Preisen gemäß DIW.

Nähere Beschreibung der Indikatoren: F. NAGEL (1999).

abzubauen. Stabil ist dieser Prozeß, wenn Renditedifferenzen Variationen der Kapazitätswachstumsraten bewirken, welche die Renditedifferenzen eliminieren, wenn sich also – wie man bei allen Prozessen in solchen Fällen sagen kann – eine *Attraktionskraft der Null-Linie* zeigt. Wir messen Renditedifferenzen über den sogenannten Comparable-earnings-Ansatz, der auf der Basis von Bundesbankdaten die Summe aus dem ordentlichen Betriebsergebnis und

Chart 7

Verlauf des Renditenormalisierungsprozesses in der Elektrotechnischen Industrie

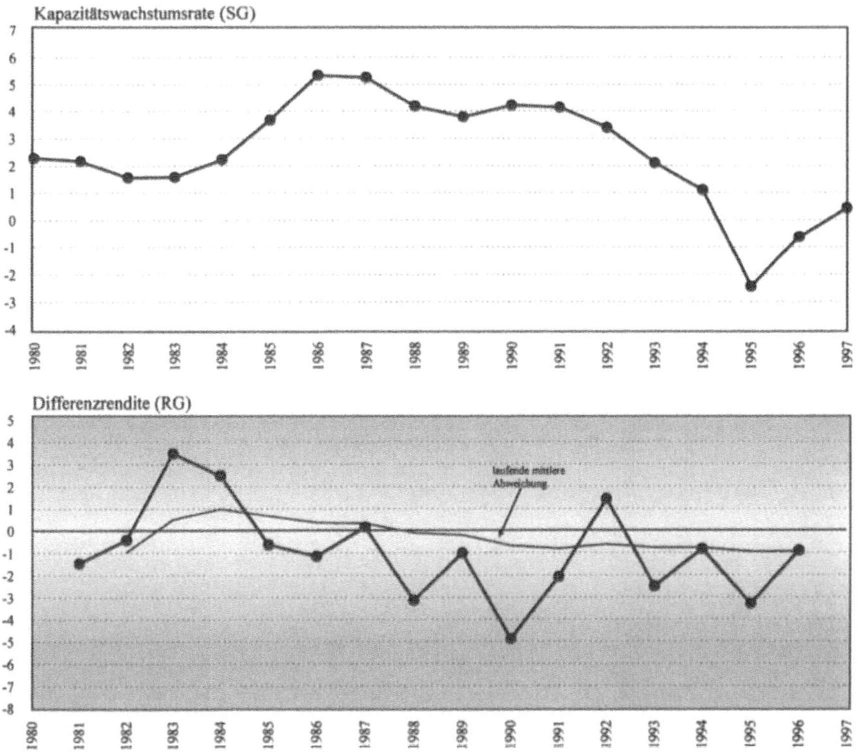

Stellgröße Kapazitätsveränderung: prozentuale Wachstumsrate des potentiellen Bruttowertschöpfungsvolumens (in Preisen von 1995, nach DIW).
Regelgröße Differenzrendite: Differenz zwischen der Rendite der Elektrotechnischen Industrie und des Verarbeitenden Gewerbes, Rendite berechnet aus der Bilanzstatistik der Bundesbank als Annäherung an den Quotienten "Betriebsergebnis / betriebsnotwendiges Vermögen".
Abweichungstest für die Differenzrendite: Getestet wird die Hypothese, daß das arithmetische Mittel der Differenzrendite bei einem Fehlerniveau von 5 v.H. nicht signifikant von Null verschieden ist, daß also die Differenzrendite - auf Dauer und im Durchschnitt gesehen - ausreguliert wird. Der t-Wert der Differenzrendite beträgt in der Elektrotechnischen Industrie $t = -1{,}750$, ist also betragsmäßig kleiner als der für $\alpha = 0{,}05$ und $v = 15$ tabellierte kritische t-Wert $t_{krit} = 2{,}132$. Deshalb kann nicht von einer signifikanten Abweichung der Differenzrendite vom Sollwert Null gesprochen werden.

den Veränderungen der Rückstellungen zum jahresdurchschnittlich gebundenen betriebsnotwendigen Vermögen in Beziehung setzt, und zwar zum einen für die Untersuchungsbranche und zum anderen für den übergeordneten Wirtschaftszweig. Die Kapazitäten werden als potentielles Bruttowertschöpfungsvolumen zu konstanten Preisen ermittelt. Einschlägige Angaben werden

Chart 8
Verlauf des Renditenormalisierungsprozesses in der Kunststoff- und Gummiwarenindustrie

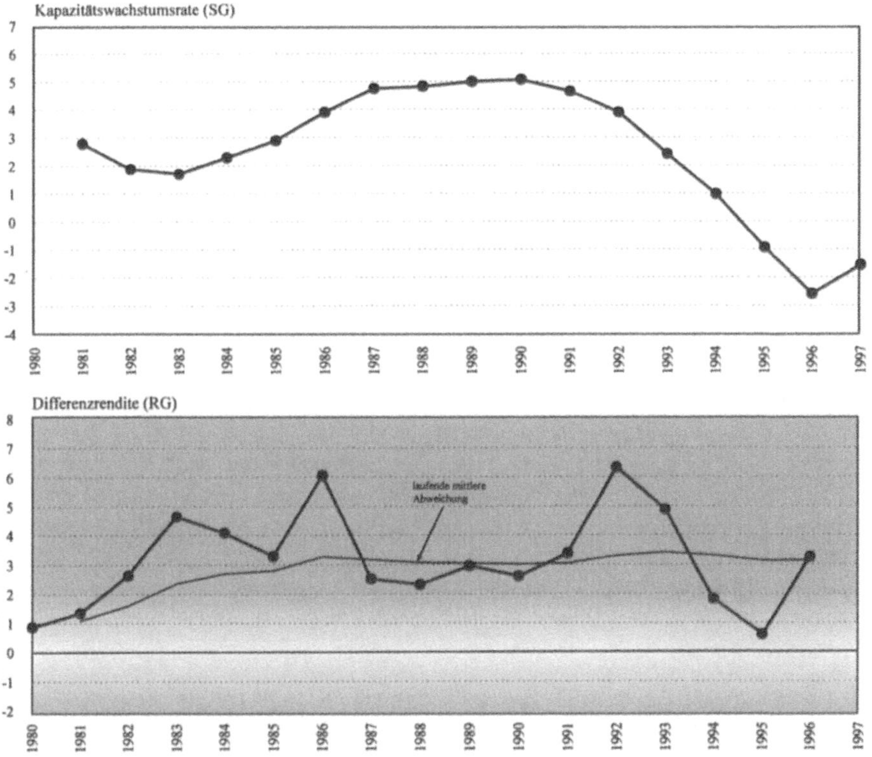

Stellgröße Kapazitätsveränderung: prozentuale Wachstumsrate des potentiellen Bruttowertschöpfungsvolumens (in Preisen von 1995, nach DIW).
Regelgröße Differenzrendite: Differenz zwischen der Rendite der Kunststoff- und Gummiwarenindustrie und des Verarbeitenden Gewerbes, Rendite berechnet aus der Bilanzstatistik der Bundesbank als Annäherung an den Quotienten "Betriebsergebnis / betriebsnotwendiges Vermögen".
Abweichungstest für die Differenzrendite: Getestet wird die Hypothese, daß das arithmetische Mittel der Differenzrendite bei einem Fehlerniveau von 5 v.H. nicht signifikant von Null verschieden ist, daß also die Differenzrendite - auf Dauer und im Durchschnitt gesehen - ausreguliert wird. Der t-Wert der Differenzrendite beträgt in der Kunststoff- und Gummiwarenindustrie $t = 7{,}639$, ist also größer als der für $\alpha = 0{,}05$ und $v = 16$ tabellierte kritische t-Wert $t_{krit} = 2{,}120$. Deshalb kann von einer signifikanten Abweichung der Differenzrendite vom Sollwert Null gesprochen werden.

vom DIW veröffentlicht. Daß der empirisch zu beobachtende Renditenormalisierungsprozeß einem walrasianischen qualitativ äquivalent ist, wird in *Chart 7* wieder am Beispiel der Elektroindustrie demonstriert. Daß in Ausnahmefällen auch kritische Muster vorkommen, verdeutlicht *Chart 8* am Beispiel der Kunststoff- und Gummiwarenindustrie.

Chart 9

Vereinfachte Regelkreisdarstellung des Übermachterosionsprozesses

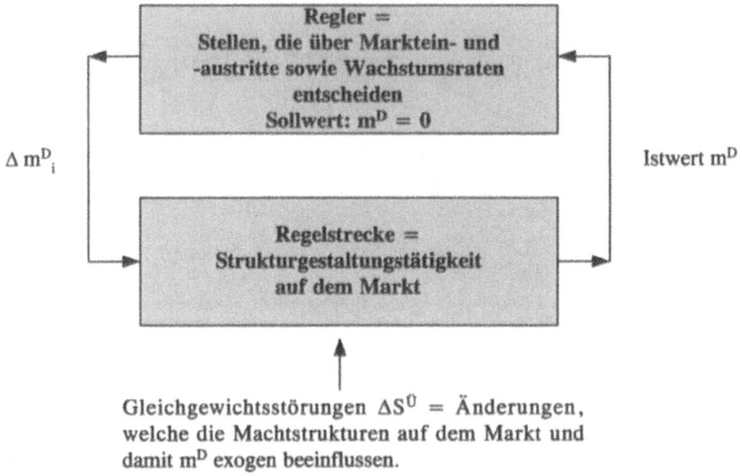

Übergangsfunktion für den Regler: $\Delta m^D_i = a^0\, m^D$ mit $a^0 < 0$

Übergangsfunktion für die Regelstrecke: $m^D_t = m^D_{t-1} + m^D_i + S^0_t$

Stabilitätsbedingung bei Abbildung mit Hilfe von Differenzgleichungen 1. Ordnung: $-2 < a^0 < 0$

Beobachtbarkeit: m^D ist beobachtbar, Δm^D_i und a^0 sind i.d.R. nicht beobachtbar; die Erfüllung der Stabilitätsbedingung muß daher über *Prozeßmustertests* geprüft werden.

Operationalisierung:

m^D: Differenz der Herfindahlindizes auf der Anbieter- und der Nachfragerseite, korrigiert um Schätzwerte insbesondere für die Bedeutung von Marktein- und -austrittshemmnissen.

Δm^D_i: —

Nähere Beschreibung der Indikatoren: SCHENGBER (1996).

Chart 9 zeigt einen walrasianisch formulierten Regelkreis für den *Übermachterosionsprozeß*. Macht wird hier in Anlehnung an MAX WEBER als die Fähigkeit verstanden, Marktprozesse im Sinne eigener Zielsetzungen so zu verzerren, daß das Individualwohl auf Kosten des Gemeinwohls vergrößert wird. Wie in der industrieökonomischen Literatur üblich, werden als Machtindikatoren Herfindahlindizes verwendet, welche die Verteilung von Marktanteilen auf der Anbieter- und der Nachfragerseite widerspiegeln. Hinzu treten Korrekturfaktoren, welche die mehr oder weniger große Leichtigkeit des Eintritts in einen Markt und der Umstellung der vorhandenen Anlagen auf andere Nachfragergruppen abbilden sollen. Der Regelkreis wird als stabil betrachtet, wenn die Regelgröße eine Tendenz zur Bewegung in einem Intervall aufweist, das vor allem die amerikanischen Wettbewerbsbehörden als Bereich eines tolerierbaren Machtausmaßes bezeichnen, d. h., wenn dieser Toleranzkorridor als Attraktor fungiert. Als Stellgröße wirken evozierte Strukturveränderungen. Bisher gibt es allerdings keine Statistik, auf deren Basis diejenigen Strukturveränderungen, die Reaktionen auf Übermachtpositionen darstellen, von sonstigen Strukturveränderungen unterschieden werden könnten. Solche Trennungen ließen sich nur über Sonderbefragungen von Fachleuten durchführen. Ein Beispiel findet sich in der deutschen Milchwirtschaft. Hier hat ein Fachmann – F. HÜLSEMEYER – in einem Zeitungsinterview erklärt, daß die hohe Konzentration auf der Seite des nachfragenden Handels in der Vergangenheit Konzentrationsbewegungen auf der Seite der Milchprodukte anbietenden Molkereien ausgelöst habe und dies in der absehbaren Zukunft auch weiter tun werde.[11] Ähnliche Aussagen ließen sich auch für andere Märkte gewinnen, allerdings nur auf der Basis recht kostspieliger Spezialumfragen. Deshalb erscheint vorerst ein Verzicht auf Stellgrößendaten und eine Konzentration auf Regelgrößeninformationen gerechtfertigt.

Chart 10 zeigt den Verlauf des Übermachterosionsprozesses in der Elektrotechnischen Industrie. Da diese Industrie an eine Vielzahl von Abnehmern liefert, kann dem Herfindahlindex der Nachfrageseite der Wert Null zugeordnet werden. Auf der Branchenebene spielen im Falle dieser Industrie darüber hinaus Korrekturfaktoren wie etwa für die potentielle Konkurrenz keine Rolle. Deshalb ist das Machtmaß mit dem Wert des Herfindahlindex für die Anbieterseite identisch. Dieser Wert verläuft über die gesamte Beobachtungsperiode im grau unterlegten Toleranzkorridor. Der Übermachterosionsprozeß kann also als stabil betrachtet werden oder brauchte vielleicht auch gar nicht anzuspringen. Dieses Ergebnis für die Branche insgesamt schließt allerdings nicht aus, daß es in Teilbereichen Übermachtpositionen gibt. Wie Chart 10 ebenfalls zeigt, wurde der Toleranzkorridor bei einigen „Vierstellern" 1991 verlassen, z. B. bei Glühlampen und Kabeln. Fertigt man Verlaufsdiagramme an, sieht man, daß dies auch in anderen Teilbereichen zeitweilig oder sogar dauerhaft der Fall war.

[11] Vgl. o.V. (1998).

Chart 10
Verlauf des Übermachterosionsprozesses in der Elektrotechnischen Industrie

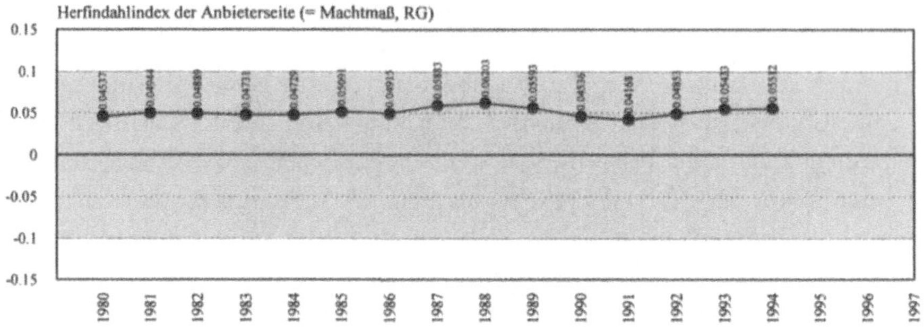

Konzentration der Anbieter in einigen Güterklassen der Elektrotechnischen Industrie 1991 (Angaben in H-Index * 1000)

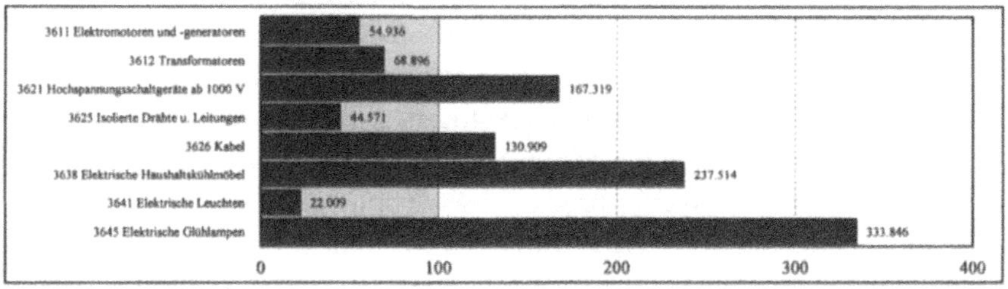

Regelgröße Machtdifferenz: Ziel des Übermachterosionsprozesses ist der Machtausgleich zwischen Anbietern und Nachfragern. Die Macht jeder Seite wird durch den Herfindahl-Index gemessen und ggfs. um den Einfluß von Marktzutrittsschranken und vertikalen Bindungen korrigiert. Die Regelgröße "Machtdifferenz" ist der anschließend gebildete Saldo. Liegen wie bei der Elektrotechnischen Industrie in Deutschland keine besonderen Hinweise auf Nachfragemacht, Marktzutrittsschranken und vertikale Bindungen vor, entfallen alle diese Größen. Dann bildet allein der dargestellte Herfindahl-Index der Anbieterseite die Regelgröße ab.
Toleranzkorridor: Solange die Regelgröße den grau unterlegten Toleranzkorridor von $|H| < 0{,}1$ nicht verläßt, spricht man von einer unbedenklichen Konzentration. Dieser Einschätzung liegt sowohl die Praxis der US-amerikanischen Kartellbehörden zugrunde als auch folgende Überlegung: Mit Hilfe des sog. Gleichverteilungsäquivalents (1/H) läßt sich zeigen, daß ein Verlassen des Toleranzbereichs gleichbedeutend ist mit dem Eintritt in ein enges Oligopol (weniger als zehn Anbieter).
Anbieterkonzentration nach Güterklassen: Die oben ausgewiesene Konzentration auf der Zweistellerebene der Branchenstatistik sagt noch wenig über die Machtverhältnisse auf Teilmärkten der Elektrotechnischen Industrie. Deshalb informiert die untere Grafik über die Konzentration auf den enger und nach Nachfrageverwandtschaft abgegrenzten Märkten der Güterklassen im Jahr 1991. In mehreren Güterklassen verläßt der H-Index den Toleranzbereich.

Nun zur Funktionsweise der *Produkt- und Verfahrensfortschrittsprozesse*, bei denen Verfahrensfortschritt als Produktfortschritt einer vorgelagerten Erfinderindustrie wie der Maschinenbauindustrie oder der Elektroindustrie verstanden werden kann. Diese Evolutionsprozesse bestehen aus einem Mutations- oder Experimentierprozeß, einem Selektionsprozeß und zwei Formen von Imitationsprozessen: Produkte werden von den Unternehmen versuchs-

Chart 11

Vereinfachte Regelkreisdarstellung des Produktfortschrittsprozesses

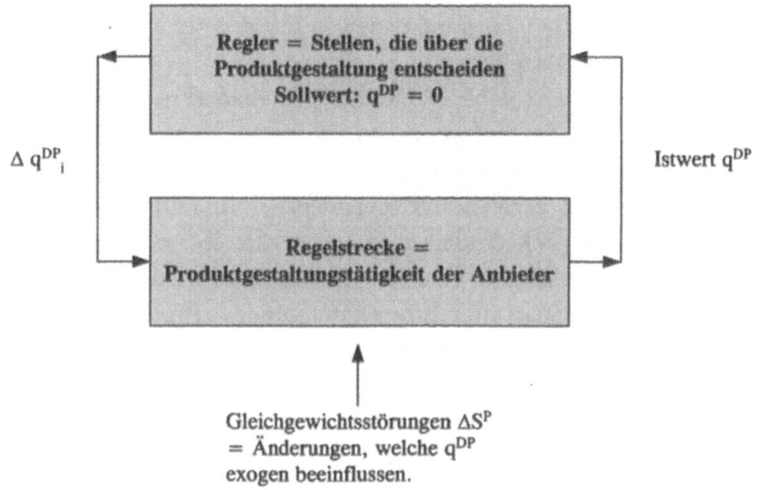

Übergangsfunktion für den Regler: $\Delta q^{DP}_i = a^P q^{DP}$ mit $a^P < 0$

Übergangsfunktion für die Regelstrecke: $q^{DP}_t = q^{DP}_{t-1} + \Delta q^{DP}_i + S^P_t$

Stabilitätsbedingung bei Abbildung mit Hilfe von Differenzengleichungen 1. Ordnung: $-1 < a^P < 0$

Beobachtbarkeit: q^{DP} ist im Prinzip beobachtbar, während Δq_i^{DP} und a^P i.d.R. unbeobachtbar sind; die Erfüllung der Stabilitätsbedingung muß daher über *Prozeßmustertests* geprüft werden.

Operationalisierung:

q^{DP}: Umsatzanteil von Produkten in der Einführungs- und Wachstumsphase gemäß ifo Institut.

q^{DP}_i —

Nähere Beschreibung der Indikatoren: SEBBEL-LESCHKE (1996).

weise entwickelt und auf dem Markt von den Verwendern getestet. Dabei müssen sie ihre Vervielfältigungsfitness beweisen. Ist ein Produkt ausweislich von Vorsprungsgewinnen und einer besonders schnell steigenden Nachfrage besser an die Präferenzen der Nachfrager angepaßt als Konkurrenzprodukte, so wird es vom bisherigen Anbieter verstärkt produziert (Imitationsprozeß I); außerdem sorgt das Umschwenken anderer, weniger erfolgreicher Anbieter auf das erfolgreiche Vorbild dafür, daß der Imitationsprozeß beschleunigt wird (Imitationsprozeß II). Die Erfolgsbeobachtung und beschleunigte Imitation führen auf diese Weise dazu, daß anfängliche Vorsprünge besonders erfolgreicher Unternehmen wieder reduziert werden. Eine solche Elimination von Fortschrittsrückständen kann man auch in Form eines walrasianisch konstruierten Regelkreises darstellen.

Chart 11 zeigt eine solche Darstellung für den *Produktfortschrittsprozeß*. Regelgröße ist hier die Differenz zwischen den Fortschrittsraten auf einem weltweit führenden Markt einerseits und dem Untersuchungsmarkt andererseits. Stellgröße sind verstärkte Experimentier- und Imitationsbemühungen, die von Fortschrittsrückständen evoziert werden. Statistisch meßbar ist vorerst nur die Regelgröße. Der Grund liegt auch hier wieder darin, daß es keine Statistik gibt, aus der man entnehmen kann, ob neue Produkte als Reaktion auf Fortschrittsrückstände oder unabhängig davon entwickelt worden sind. Als Maß für die Geschwindigkeit des Produktfortschritts auf einem Markt würden wir am liebsten das auch von der OECD vorgeschlagene Maß des Marktanteils verwenden, den neue oder stark veränderte Produkte der letzten vier Jahre erreicht haben. In einem solchen Maß spiegelt sich zum einen die Zahl der neuen Produkte und zum anderen die Resonanz, die diese Produkte bei den Nachfragern gefunden haben. Das ifo Institut erhebt für Deutschland Indikatoren, die diesem Indikator sehr nahe kommen. Damit man die Fortschritts*differenz* ermitteln kann, muß man zunächst fragen, welcher Markt auf der Welt für eine bestimmte Produktgattung als besonders fortschrittlich angesehen wird. Erfahrungsgemäß wird diese Frage insbesondere von Ingenieuren sehr einheitlich beantwortet. In besonders vielen Fällen werden Amerika und Japan als Vorbilder genannt. Leider werden in diesen Ländern Indikatoren wie die vom ifo Institut erhobenen noch nicht ermittelt oder jedenfalls nicht veröffentlicht. Für Vergleichszwecke muß man deshalb Hilfsindikatoren verwenden. Die Validität dieser Hilfsindikatoren können wir aber immerhin anhand von Korrelationsuntersuchungen in Deutschland beurteilen, weil hier eben alle Arten von Indikatoren erhoben und veröffentlicht werden (SEBBEL-LESCHKE, 1996).

Chart 12 zeigt den tatsächlichen Verlauf des Produktfortschrittsprozesses in der Elektrotechnischen Industrie. Im oberen Teil sieht man die Entwicklung des als ideal anzusehenden Indikators „Umsatzanteil neuer Produkte“. Er weist einen steigenden Trend auf, was für sich eher beruhigend wirkt. Wie gesagt kennt man aber die Vergleichswerte für die Benchmarkindustrie in den USA nicht. Deshalb ist im unteren Teil von Chart 12 die Entwicklung eines Hilfsindikators aufgeführt worden, der sich im Gros der deutschen Industrien als recht valide (d. h. gut mit dem Idealindikator korreliert) herausgestellt hat:

Chart 12
Verlauf des Produktfortschrittsprozesses in der Elektrotechnischen Industrie

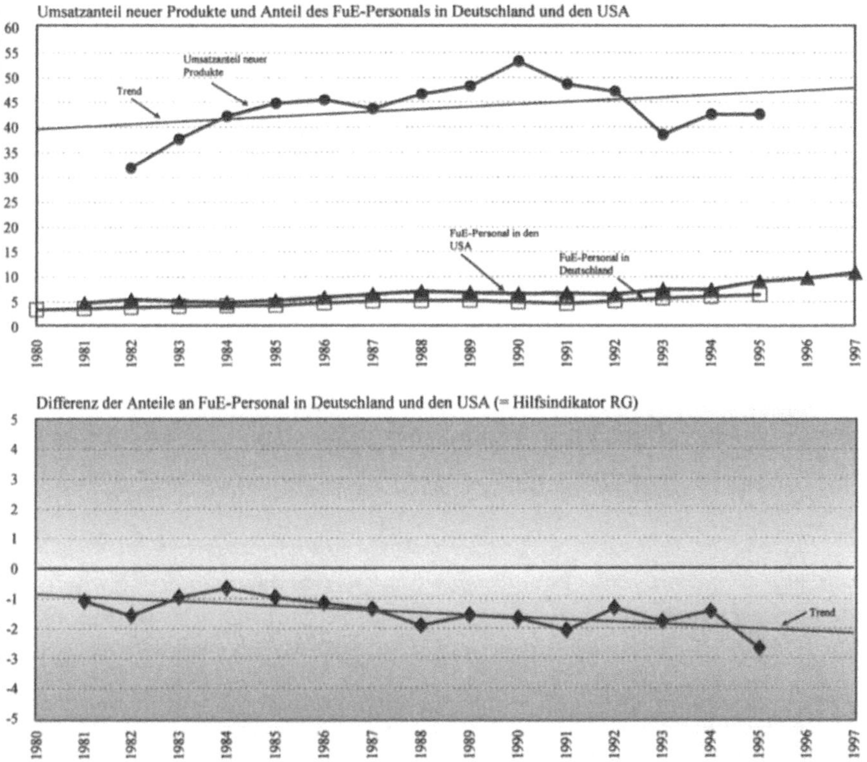

Umsatzanteil neuer Produkte: Würden die Umsatzanteile neuer Produkte der Elektrotechnischen Industrie auf dem deutschen Markt und auf dem als vorbildlich angesehenen US-amerikanischen Markt erhoben, wäre mit ihrer Differenz der Idealindikator für Produktfortschrittsrückstände verfügbar. Die abgebildete, vom ifo Institut für den deutschen Untersuchungsmarkt erhobene Reihe läßt sich nur auf auffällige Hebungs- oder Senkungstendenzen untersuchen.
Hilfsindikator für die Regelgröße "FuEwPB": Statistische Untersuchungen haben ergeben, daß der Anteil der in Forschung und Entwicklung eingesetzten Wissenschaftler an den Beschäftigten in FuE-betreibenden Unternehmen eng mit dem Umsatzanteil neuer Produkte korreliert ist. Dieser Hilfsindikator ist für den deutschen Elektrotechnikmarkt und den US-amerikanischen Vorbildmarkt verfügbar und dargestellt. In der unteren Abbildung ist die beste verfügbare Annäherung an den Idealindikator (mit Trendgerade) dargestellt: die Differenz der Anteile an wissenschaftlichem FuE-Personal in Deutschland und den USA.

der Anteil von Wissenschaftlern und Ingenieuren an der gesamten Beschäftigtenzahl Forschung betreibender Unternehmen. Wie man sieht, weist dieser Anteil eine sich trendmäßig vergrößernde Differenz zum entsprechenden Anteil in den USA aus. Das ist ein Indiz für einen Funktionsdefekt. Man müßte nun näher untersuchen, woran es liegt, daß die FuE-Intensität der deutschen Elektrotechnik immer mehr hinter der amerikanischen zurückbleibt. Im

Chart 13
Verlauf des Produktfortschrittsprozesses in der Maschinenbauindustrie

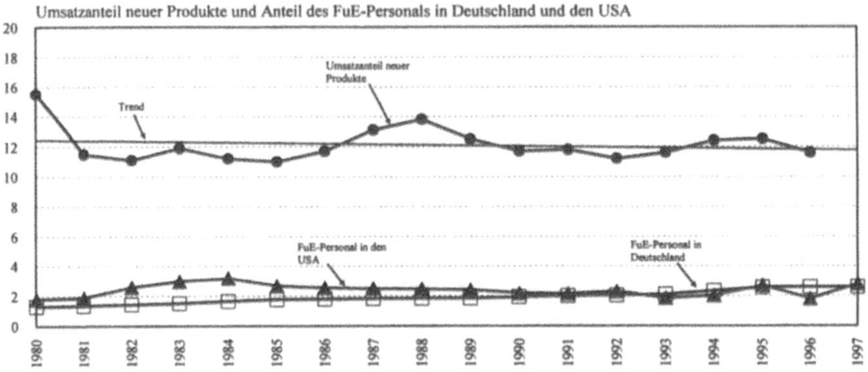

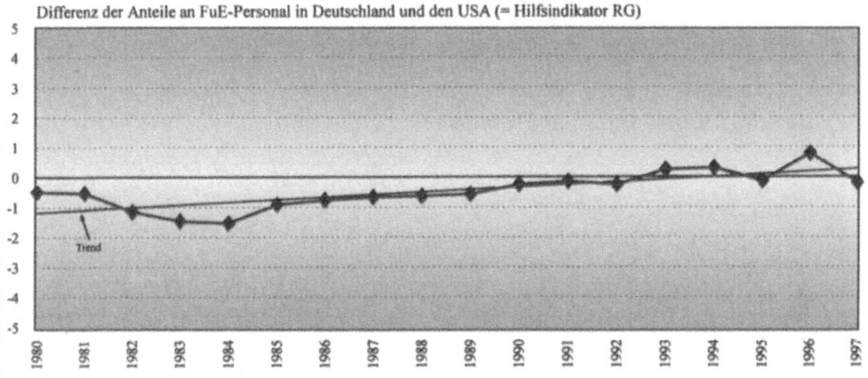

Umsatzanteil neuer Produkte: Würden die Umsatzanteile neuer Maschinenbauprodukte auf dem deutschen Markt und auf dem als vorbildlich angesehenen US-amerikanischen Markt erhoben, wäre mit ihrer Differenz der Idealindikator für Produktfortschrittsrückstände verfügbar. Die abgebildete, vom ifo Institut für den deutschen Untersuchungsmarkt erhobene Reihe läßt sich nur auf auffällige Hebungs- oder Senkungstendenzen untersuchen. Hilfsindikator für die Regelgröße "FuEwPB": Statistische Untersuchungen haben ergeben, daß der Anteil der in Forschung und Entwicklung eingesetzten Wissenschaftler an den Beschäftigten in FuE-betreibenden Unternehmen eng mit dem Umsatzanteil neuer Produkte korreliert ist. Dieser Hilfsindikator ist für den deutschen Maschinenbaumarkt und den US-amerikanischen Vorbildmarkt verfügbar und dargestellt. In der unteren Abbildung ist die beste verfügbare Annäherung an den Idealindikator (mit Trendgerade) dargestellt: die Differenz der Anteile an wissenschaftlichem FuE-Personal in Deutschland und den USA.

Maschinenbau ist dies ausweislich von *Chart 13* z. B. nicht der Fall. Die Auseinanderentwicklung in der Elektrotechnischen Industrie könnte zum einen daran liegen, daß die deutsche und die amerikanische Industriestatistik die Branchen etwas unterschiedlich abgrenzen. Ich persönlich vermute aber eher, daß der deutlich höhere Anteil der Militärforschung in den USA eine Rolle spielt. Wären dies hinreichende Erklärungen, bräuchte man sich keine Sorgen

Chart 14

Vereinfachte Regelkreisdarstellung des Verfahrensfortschrittsprozesses

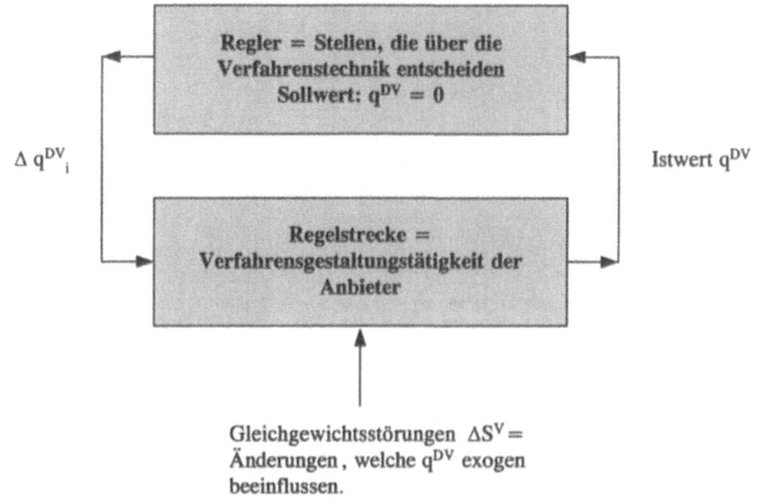

Übergangsfunktion für den Regler: $\Delta q^{DV}_i = a^V q^{DV}$ mit $a^V < 0$

Übergangsfunktion für die Regelstrecke: $q^{DV}_t = q^{DV}_{t-1} + \Delta q^{DV}_i + S^V_t$

Stabilitätsbedingung bei Abbildung mit Hilfe von Differenzengleichungen 1.Ordnung: $-1 \leq a^V < 0$

Beobachtbarkeit: q^{DV} ist beobachtbar, während Δq^{DV}_i und a^V i.d.R. unbeobachtbar sind; die Erfüllung der Stabilitätsbedingung muß daher über *Prozeßmustertests* geprüft werden.

Operationalisierung:
q^{DV}: Arbeitsproduktivitätsdifferenzen zwischen Vorbild- und Untersuchungsmarkt.
q^{DV}_i: —

Nähere Beschreibung der Indikatoren: SEBBEL-LESCHKE (1996).

zu machen, zumal die absolute Differenz ja auch noch nicht sehr hoch ist. Sollten andere Gründe eine Rolle spielen, könnte jedoch Grund zur Besorgnis bestehen. Das Verlaufsbild stellt jedenfalls eine Aufforderung dar, in eine nähere Ursachenanalyse einzutreten.[12]

[12] Das ZENTRUM FÜR EUROPÄISCHE WIRTSCHAFTSFORSCHUNG (1999) kommt in einem differenzierteren Innovationsreport zu einer sehr positiven Einschätzung der Innovationstätigkeit in der deutschen Elektroindustrie. Es hat allerdings keinen Vergleich mit den USA durchgeführt.

Chart 15
Verlauf des Verfahrensfortschrittsprozesses in der Elektrotechnischen Industrie

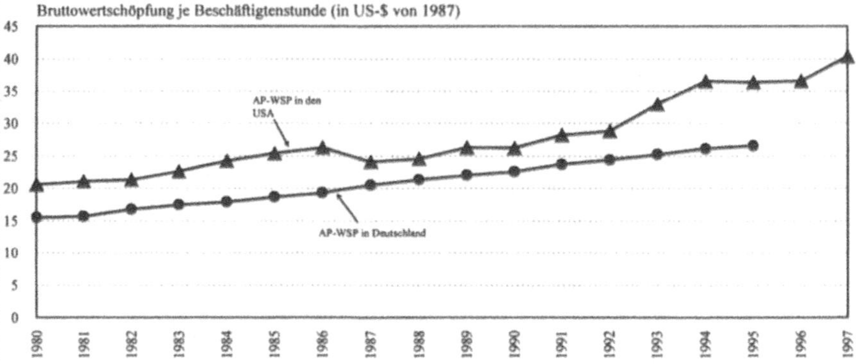

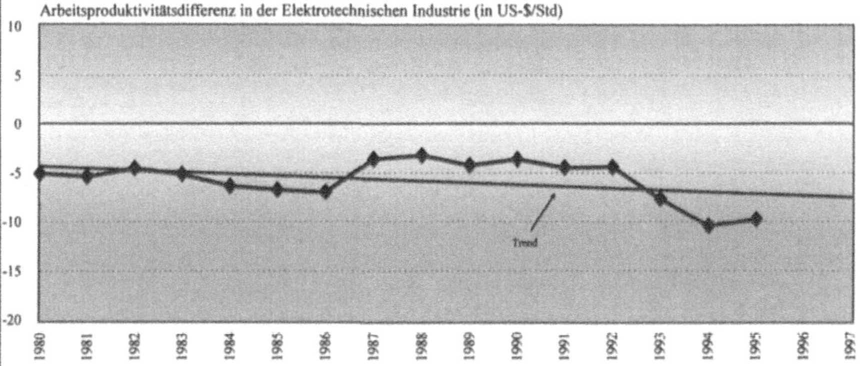

Regelgröße Verfahrensfortschrittsrückstände: Als gutes Abbild des erreichten Verfahrensfortschritts ist die Arbeitsproduktivität anzusehen. Verglichen wird die Bruttowertschöpfung je Beschäftigtenstunde in der Elektrotechnischen Industrie Deutschlands und der Vorbildindustrie in den Vereinigten Staaten. Um Preis- und Wechselkurseinflüsse auszuschalten und die Vergleichbarkeit herzustellen, wurde die deutsche Bruttowertschöpfung mit einer branchenbezogenen Kaufkraftparität in US-Dollar umgerechnet. Alle Wertgrößen wurden auf das Jahr 1987 umbasiert.
Die untere Abbildung gibt die absolute Differenz der deutsche Arbeitsproduktivität zur US-amerikanischen an, spiegelt also Verfahrensfortschrittsrückstände und Aufholprozeß wider.

Chart 14 zeigt eine walrasianische Darstellung des Regelkreises für den *Verfahrensfortschrittsprozeß*, die Chart 11 analog ist. An sich könnte man zur Messung von Fortschrittsrückständen ähnliche Methoden wie beim Produktfortschritt verwenden. Leider wird nirgendwo auf der Welt ausgewiesen, welchen Verwendungsanteil Verfahren gewonnen haben, die bei der Herstellung bestimmter Produkte als besonders fortschrittlich gelten. Deshalb muß man

Chart 16
Verlauf des Verfahrensfortschrittsprozesses in der Maschinenbauindustrie

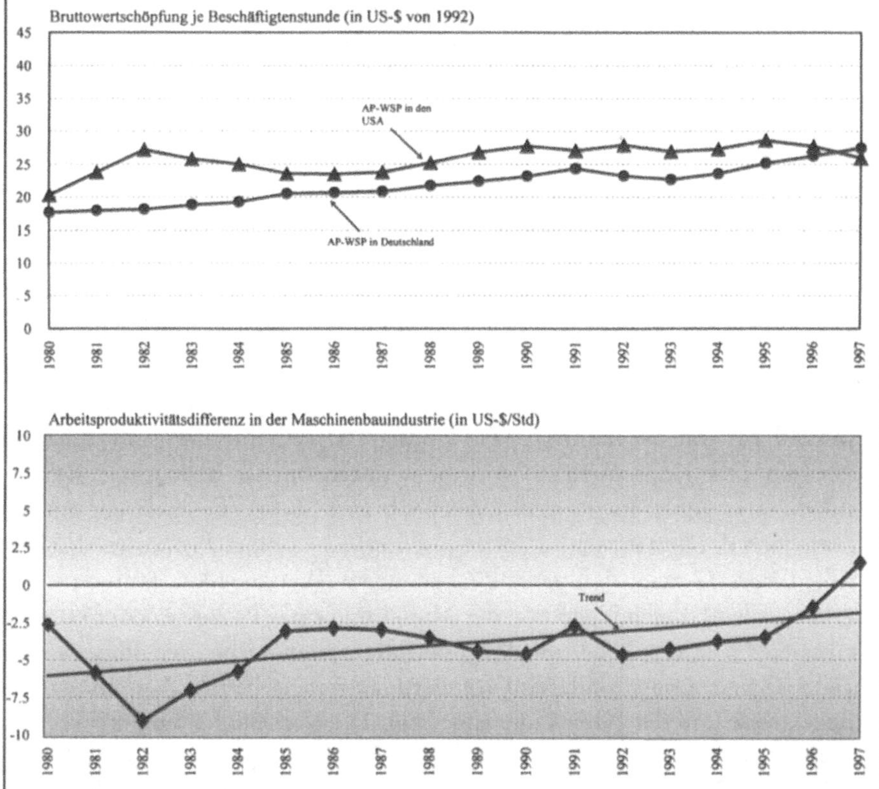

Regelgröße Verfahrensfortschrittsrückstände: Als gutes Abbild des erreichten Verfahrensfortschritts ist die Arbeitsproduktivität anzusehen. Verglichen wird die Bruttowertschöpfung je Beschäftigtenstunde in der Maschinenbauindustrie Deutschlands und der Vorbildindustrie in den Vereinigten Staaten. Um Preis- und Wechselkurseinflüsse auszuschalten und die Vergleichbarkeit herzustellen, wurde die deutsche Bruttowertschöpfung mit einer branchenbezogenen Kaufkraftparität in US-Dollar umgerechnet. Alle Wertgrößen wurden auf das Jahr 1992 umbasiert.
Die untere Abbildung gibt die absolute Differenz der deutsche Arbeitsproduktivität zur US-amerikanischen an, spiegelt also Verfahrensfortschrittsrückstände und Aufholprozeß wider.

auf die Erhebung anderer Indikatoren zurückgreifen. Ein Indikator, der sich anbietet, ist die Differenz der Arbeitsproduktivität in einer weltweit führenden Branche einerseits und auf dem Untersuchungsmarkt andererseits. Solche Vergleiche werden durchgeführt, sind aber mit erheblichen Problemen belastet, da Produktionswerte pro Arbeitsstunde nur verglichen werden können, wenn man sie auf die gleiche Währung umrechnet. Hierbei kommen Wechselkursschwankungen ins Spiel, aus denen sich ebenso wie aus konjunkturellen Einflüssen Verzerrungen ergeben können. Vergrößern sich die Abstände in den Arbeitsproduktivitäten dauerhaft, dürfte das gleichwohl für eine Instabilität des Verfahrensfortschrittsprozesses sprechen.[13]

In *Chart 15* ist der tatsächliche Verfahrensfortschrittsprozeß in der Elektrotechnik dargestellt. Hier konnte man bis 1992 einen leichten Aufholprozeß im Vergleich zu den USA beobachten. In neuerer Zeit hat sich der Rückstand aufgrund des starken Produktivitätsanstiegs in den USA jedoch wieder vergrößert. Die Gründe müßten genauer untersucht werden. Wie *Chart 16* zeigt, verlief die Entwicklung in der Maschinenbauindustrie dagegen befriedigend.

3. Schlußfolgerungen zur Funktionsfähigkeit und Ausblick

Aus den Untersuchungsergebnissen, die ich vorgetragen habe, ergeben sich sowohl für die ökonomische Forschung als auch für die praktische Wirtschaftspolitik Konsequenzen von nicht unerheblicher Bedeutung. Bevor ich auf diese eingehen kann, muß ich jedoch eine Meßgröße erklären, mit deren Hilfe sich die dynamische *Koordinationseffizienz* eines Prozesses abschätzen läßt. *Chart 17* zeigt den gedanklichen Ansatz hierzu: Man kann davon ausgehen, daß Abweichungen von der Null-Linie eines Prozesses oder vom Toleranzbereich in der Regel mit Wohlfahrtsverlusten verbunden sind. Wie groß diese Abweichungen sind, wird von der Fläche zwischen der Verlaufskurve der Regelgröße und der Null-Linie angezeigt. Die Verluste hätten den Wert Null, wenn sich die Regelgröße stets auf der Null-Linie bewegte. Ein Maß für die Flächengröße erhält man, wenn man beim Markträumungsprozeß z. B. den Mittelwert der absoluten Abweichungen von der Null-Linie bildet. Dieses Mittelwertmaß sagt als solches nun noch nicht besonders viel aus. Würde man entsprechende Werte auf vielen Märkten in der Welt erheben können, ließe sich aber ein Vergleich mit einem Markt durchführen, der ausweislich einer besonders kleinen Verlustfläche als vorbildlich betrachtet werden kann. Dieser Vergleich könnte mit Hilfe einer Formel, die der in Chart 17 aufgeführten ähnelt, so quantifiziert werden, daß man einen *Verlustgrad* berechnet, der beim Vorbildmarkt den Wert Null und beim Untersuchungsmarkt einen Wert im Null-Eins-Intervall annimmt.

[13] Eine Alternative zum Vergleich von Arbeitsproduktivitäten wäre ein Vergleich von Prozentsätzen von Unternehmen, in denen Verfahrensfortschritte zu Kostensenkungen geführt haben. Für die deutsche Elektroindustrie sind entsprechende Daten vom ZENTRUM FÜR EUROPÄISCHE WIRTSCHAFTSFORSCHUNG (1999) erhoben worden; Vergleichszahlen für die USA fehlen jedoch.

Chart 17
Ermittlung des Grades der Regelungsverluste (GRV)

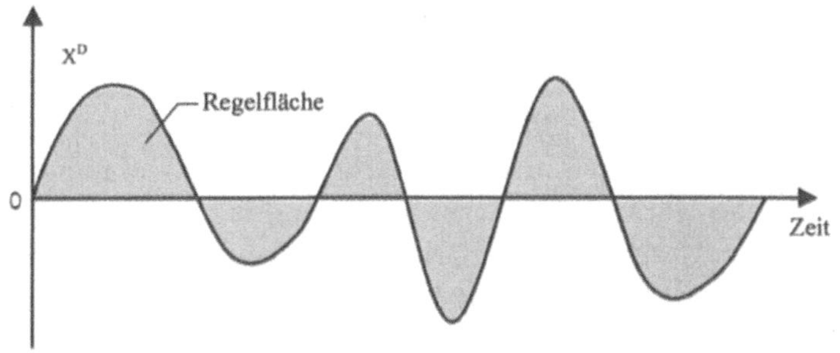

Berechnung des GRV_i der Branche i für den Markträumungsprozeß: $GRV_i = 0{,}5^{A/A_i}$, wobei A_i den Mittelwert der absoluten Regelabweichungen in Branche i bezeichnet ($A_i = \frac{1}{n}\sum_{t=1}^{n}\left|x_{i,t}^{D}\right|$) und A den entsprechenden Wert im Verarbeitenden Gewerbe insgesamt.

Da es außer unseren Untersuchungen in Münster keine vergleichbaren Untersuchungen gibt, konnten wir diese Art von Vergleich noch nicht durchführen. Sie wäre wünschenswert, da sie die Wirtschaftspolitiker auf Verbesserungsmöglichkeiten für Rahmenbedingungen hinweisen könnte. Um gleichwohl eine erste Faustformel für die Abschätzung der Koordinationseffizienz zu haben, haben wir als Vergleichsgrößen einmal Verlustflächen herangezogen, die für den jeweiligen Prozeß im Verarbeitenden Gewerbe insgesamt ermittelt worden sind. Eine konkrete Branche können wir so als über- oder unterdurchschnittlich koordinationseffizient einstufen. Der Trennwert liegt bei einem Verlustgrad von 0,5. Der Markträumungsprozeß in der Elektroindustrie hat trotz nicht völlig befriedigender Ergebnisse noch einen unterdurchschnittlichen Verlustgrad in Höhe von $V^M = 0{,}305$. Die Verlustgrade bei den anderen Prozessen betragen $V^R = 0{,}409$, $V^Ü = 0{,}255$, $V^P = 0{,}475$ und $V^V = 0{,}688$.

Man ersieht hieraus, daß die Marktprozesse in der Elektrotechnik vergleichsweise gut funktionieren.

Die für später angestrebte Verlustgradberechnung mit Bezug auf internationale Benchmarkindustrien eröffnet eine Reihe von wirtschaftspolitischen Anwendungen für eine Methode – das sogenannte *Koordinationsmängel-Diagnosekonzept (KMD-Konzept)* –, welche die vorgestellten Analysen zur

Dynamik von Marktprozessen in ein systematisches Prüfverfahren zur Feststellung der Funktionsqualität von Marktprozessen einbettet (GROSSEKETTLER, 1991, 1999). Zum Schluß dieses Vortrags soll nun kurz skizziert werden, welche Anwendungsmöglichkeiten für ein solches Diagnoseverfahren in der Wirtschaftspolitik bestehen und was aus den bisherigen Untersuchungsergebnissen für manche Felder der wirtschaftswissenschaftlichen Forschung folgt.

(1) Regierungen werden immer wieder mit Forderungen nach Spezialregulierungen für bestimmte Märkte konfrontiert, die von Interessenverbänden damit begründet werden, daß z. B. Arbeitsmärkte, Wohnungsmärkte, landwirtschaftliche Märkte oder Märkte der Verkehrs-, Strom- oder X-Wirtschaft ohne spezielle Regulierungseingriffe nicht funktionierten. Mit Hilfe des KMD-Konzepts kann man überprüfen, wie gut die Funktionsweise in der Vergangenheit war und wie gut sich eine mehr oder weniger starke Regulierung im internationalen Vergleich ausgewirkt hat. Solche Analysen können zur Abwehr unberechtigter Regulierungswünsche und zum Herausfiltern berechtigter Hinweise auf Funktionsdefekte dienen.

(2) Man kann über solche Untersuchungen aber auch prüfen, wie existierende Regulierungen im Lichte internationaler Vergleiche zu beurteilen sind. Es ergeben sich somit Möglichkeiten zur Abschätzung von Regulierungs- und Deregulierungsfolgen und zu Begleituntersuchungen bei Deregulierungs- und Privatisierungsmaßnahmen.

(3) Man könnte die Kartellbehörden damit beauftragen, ggf. in Zusammenarbeit mit der Monopolkommission und den an der Strukturberichterstattung beteiligten Instituten regelmäßig Stichprobenanalysen über die Funktionsfähigkeit von Branchen durchzuführen. Eine Volkswirtschaft, in der so etwas geschieht, gliche biologischen Systemen, in denen die Funktionsfähigkeit von Basisregelkreisen (z. B. für die Regulierung der Bluttemperatur) durch aufgeschaltete Kontrollregelkreise kontrolliert wird und erforderlichenfalls Abwehrmaßnahmen aktiviert werden. Im Rahmen solcher Untersuchungen können auch Spezialdiagnosen durchgeführt werden. So überprüfen wir in Münster z. B. gerade die Diagnosekraft eines sogenannten *Kartellchecks,* mit dessen Hilfe heimliche Kartelle anhand ihrer Syndrome – der Komplexe von Symptomen bei den einzelnen Regelkreisen – aufgedeckt werden sollen und nach den bisherigen Erfahrungen auch aufgedeckt werden können.

(4) Vergleiche über die mehr oder weniger gute Funktionsfähigkeit oder Wettbewerbsfähigkeit ganzer Volkswirtschaften werden heute meist auf der Basis höchst problematischer Managerbefragungen durchgeführt. Untersuchungen über durchschnittliche Verlustgrade, kombiniert mit Maßzahlen zur Erfüllung der Ziele des Stabilitäts- und Wachstumsgesetzes, dürften eine methodisch sehr viel aussagekräftigere Vergleichsmöglichkeit bieten.

(5) Vergleicht man die realen Muster mit dem Standardmodell, erscheint die tatsächliche Funktionsweise unbefriedigend und ergeben sich scheinbar ständig Gründe für staatliche Interventionen. Dieser Vergleich ist methodisch jedoch unzulässig. Wie bei der Erläuterung von Chart 17 dargelegt, ist der richtige Bezugspunkt für eine Funktionsfähigkeitsbeurteilung ein *realer* Vorbildmarkt, nicht jedoch ein abstraktes Ideal.

(6) Es ergeben sich aber nicht nur volkswirtschaftliche und damit letztlich wirtschaftspolitische Anwendungsmöglichkeiten für dynamische Analysen der vorgestellten Art, sondern auch betriebswirtschaftliche. Für Banken dürfte eine Feststellung von branchentypischen Erosionsgeschwindigkeiten für Überrenditen z. B. eine wichtige Information im Rahmen von Kreditwürdigkeitsprüfungen darstellen.

(7) Auch für die wirtschaftswissenschaftliche Forschung ergeben sich Konsequenzen. Man stelle sich z. B. einmal eine Börse vor, auf der Nachfrage-Angebots-Differenzen durch eine entsprechende Preisstellung verhindert werden. Graphisch dargestellt bedeutete dies, daß sich x^D im Zeitablauf auf der Null-Linie bewegt, während p irgendwie schwankt. Wir *wissen* in diesem Fall, daß p ausschließlich von x^D bestimmt wird. Eine klassische Regressionsanalyse würde gleichwohl zu dem falschen Ergebnis führen, daß p unabhängig von x^D ist. Dies verdeutlicht, daß die so häufig verwendeten (einfachen) Regressionsanalysen gerade bei Selbstregulierungsprozessen problematisch sind. Man kann zeigen, daß dies auch für andere Analysetechniken gilt. Man kann in ein Simulationsmodell für Regelkreise z. B. Parameter eingeben, die Stabilität garantieren, und exogene Störungen einwirken lassen. Anschließend kann man prüfen, mit welchen Testverfahren man die „hineingesteckten" Zusammenhänge wiederfinden kann. So läßt sich z. B. zeigen, daß nicht nur die normale Regressionsanalyse schlecht abschneidet, sondern daß dies auch für autoregressive Verfahren gilt, obwohl diese unter günstigen Umständen im Prinzip in der Lage sein müßten, Regelkreisparameter wie a und b zu schätzen. Dies liegt daran, daß solche Analysen z. B. sehr empfindlich reagieren, wenn Störgrößen nicht normal verteilt sind, was in der Realität häufig der Fall sein dürfte.

(8) Die Tatsache, daß die Regelkreise in den einzelnen Branchen unterschiedlich schnell laufen bzw. laufen müssen und daß unterschiedliche und häufig nicht normal verteilte Störungen ausreguliert werden müssen, hat zur Folge, daß man bei Querschnittsanalysen meist keine Renditenormalisierung feststellt, obwohl Zeitreihenanalysen zeigen, daß diese nahezu im gesamten Verarbeitenden Gewerbe tendenziell stattfindet: Da Normalrenditen nur selten und in den einzelnen Branchen noch dazu zu unterschiedlichen Zeitpunkten realisiert werden und die Anpassungsgeschwindigkeit sehr viel

langsamer ist, als man es bei Gleichgewichtsmodellen implizit unterstellt, zeigen Querschnittsanalysen stets irgendwelche Differenzen. Diese besagen aber nichts über die Funktionsfähigkeit der Regelkreise. Das Erstaunen, welches die Persistenz von Differenzen vielfach ausgelöst hat, ist letztlich also auf einen falschen Untersuchungsansatz zurückzuführen.

(9) Es gibt ganze Forschungszweige in der Ökonomie – vor allem den Bereich der angewandten allgemeinen Gleichgewichtsmodelle (AGE-Modelle) –, in denen *unterstellt* wird, daß Werte, die man beobachtet und zum Kalibrieren benutzt hat, Gleichgewichtswerte sind. Die vorgestellten Muster zeigen nun aber, daß dies in aller Regel falsch sein dürfte. Die beobachteten Reaktionen sind so langsam und der Unterschied zwischen den relativ schnellen Variablen des M-Prozesses und den langsameren Variablen der anderen Prozesse ist zum Teil so gering, daß man trotz der Stabilität im kybernetischen Sinn nicht von struktureller Stabilität im mathematischen Sinn sprechen kann.[14] Dies legt den Verdacht nahe, daß Pfadabhängigkeiten eine bedeutende Rolle spielen und daß AGE-Modelle Artefakte produzieren.

(10) Die Analyse der Selbstregulierungsprozesse zeigt, daß ein allgemeines Gleichgewicht zwar eine – vielleicht nützliche – Endzeitvorstellung wie in der Kalorik der Wärmetod der Welt sein mag, daß dieser Zustand in der Realität von Marktwirtschaften aber keine Rolle spielt, weil es keinen Zeitpunkt gibt, in dem alle Regelkreise gleichzeitig eingeschwungen sind. Hieraus dürften sich auch Konsequenzen für die Konjunkturtheorie und für die Theorie ungleichgewichtigen Wachstums ergeben. Vermutlich muß sich die ökonomische Forschung sehr viel stärker mit Anpassungsgeschwindigkeiten und mit der Rolle von Kopplungsgrößen zwischen Regelkreisen befassen, Größen, die – wie z. B. der Kapitalkoeffizient – eine wichtige Rolle spielen, wenn man partiell stabile Regelkreise zusammenschaltet und nach der globalen Stabilität des Regelkreissystems fragt. Ein gesamtwirtschaftliches Gleichgewicht setzt kein allgemeines Gleichgewicht voraus; wenn man aber in allen Branchen einer Volkswirtschaft laufend Regelabweichungen beobachtet, werden vermutlich auch gesamtwirtschaftliche Auslastungsgradschwankungen in gewissen Grenzen normal und vielleicht sogar notwendig sein. Eine unkritische rechnerische Trennung von Trend und Zyklus, wie sie in der Konjunktur- und Wachstumstheorie vielfach üblich ist, erscheint so gesehen als problematisch.

Neben den mehr grundsätzlichen Forschungsfragen ergibt sich auch ein unmittelbares Arbeitsprogramm für die Weiterentwicklung des Koordinationsmängel-Diagnosekonzepts. So wollen wir uns in Münster verstärkt der

[14] Zur strukturellen Stabilität im mathematischen Sinn vgl. GANDOLFO (1997: 337–341).

Anwendung des Konzepts auf Vergleiche im europäischen Rahmen zuwenden und außerdem regionale Arbeits- und Dienstleistungsmärkte untersuchen. Darüber hinaus soll der Kartellcheck vervollkommnet werden.

Literatur

BENASSY, J.-P. (1998a): Disequilibrium analysis, in: J. EATWELL, M. MILGATE und P. NEWMAN (Hg.), The New Palgrave. A Dictionary of Economics, Vol. 1, London (MacMillan)/New York (Stockton Press), S. 858–863.

BENASSY, J.-P. (1998b): Rational equilibria, in: J. EATWELL, M. MILGATE und P. NEWMAN (Hg.), The New Palgrave. A Dictionary of Economics, Vol. 4, London (MacMillan)/New York (Stockton Press), S. 88–92.

BRUS, W. (1998): Market socialism, in: J. EATWELL, M. MILGATE u. P. NEWMAN (Hg.), The New Palgrave. A Dictionary of Economics, Vol. 3, London (MacMillan)/New York (Stockton Press), S. 337–342.

GANDOLFO, G. (1997): Economic Dynamics, 3. compl. rev. and enl. ed., corr. 2. printing, Berlin/Heidelberg (Springer).

GEANAKOPLOS, J. (1998): Arrow-Debreu model of general equilibrium, in: J. EATWELL, M. MILGATE u. P. NEWMAN (Hg.), The New Palgrave. A Dictionary of Economics, Vol. 1, London (MacMillan)/New York (Stockton Press), S. 116–124.

GROSSEKETTLER, H. (1991): Eine neue Methode zur Messung der Funktionsfähigkeit von Märkten: die KMK-Funktionsfähigkeitsanalyse, in: Die Betriebswirtschaft, 51. Jg., S. 467–489.

GROSSEKETTLER, H. (1999): Das Koordinationsmängel-Diagnosekonzept als didaktisches Instrument, in: E. LÜBKE u. H. GROSSEKETTLER (Hg.), Beiträge zur Finanz- und Wirtschaftspolitik. Festschrift für Ingolf Metze zum 65. Geburtstag, Berlin (Duncker & Humblot), S. 95–142.

HAHN, F. (1998): Auctioneer, in: J. EATWELL, M. MILGATE u. P. NEWMAN (Hg.), The New Palgrave. A Dictionary of Economics, Vol. 1, London (MacMillan)/New York (Stockton Press), S. 136–138.

HAYEK, F. A. v. (1937): Economics and Knowledge, in: Economica, Vol. 4, S. 33–54.

HAYEK, F. A. v. (1945): The use of knowledge in society, in: American Economic Review, Vol. 35, S. 519–530.

HELM, D. R. (1998): Market period, in: J. EATWELL, M. MILLGATE u. P. NEWMAN (Hg.), The New Palgrave. A Dictionary of Economics, Vol. 3, London (MacMillan)/New York (Stockton Press), S. 331f.

HIGH, J. (1990): Maximizing, Action, and Market Adjustment. An Inquiry into the Theory of Economic Disequilibrium, München/Hamden/Wien (Philosophia).

HSIAO, C. (1998): Identification in: J. EATWELL, M. MILLGATE u. P. NEWMAN (Hg.), The New Palgrave. A Dictionary of Economics, Vol. 2, London (MacMillan)/New York (Stockton Press), S. 714–716.

KIRNZER, J. M. (1992): The meaning of market process. Essays in the development of modern Austrian economics, London and New York (Routledge).

KIRZNER, J. M. (1997): Entrepreneurial Discovery and the Competitive Market Process: An Austrian Approach, in: Journal of Economic Literature, Vol. XXXV, S. 60–85.

KOWALIK, T. (1998): Lange-Lerner mechanism, in: J. EATWELL, M. MILGATE u. P. NEWMAN (Hg.), The New Palgrave. A Dictionary of Economics, Vol. 3, London (MacMillan)/New York (Stockton Press), S. 129–131.

LANGE, O. (1936/37): On the Economic Theory of Socialism, Teile 1 und 2, in: Review of Economic Studies, Vol. IV, S. 53–71 u. 123–142.

LEDYARD, J. O. (1998): Market failure, in: J. EATWELL, M. MILGATE u. P. NEWMAN (Hg.), The New Palgrave. A Dictionary of Economics, Vol. 3, London (MacMillan)/New York (Stockton Press), S. 326–329.

LERNER, A. (1937): Statics and Dynamics in Socialist Economics, in: The Economic Journal, Vol. 47, S. 251–270.

MAYR, O. (1971): Adam Smith and the Concept of the Feedback-System. Economic Thought and Technology in the 18th-century Britain, in: Technology and Culture, Vol. 12 (1971), S. 1–22.

MCKENZIE, L. W. (1998): General equilibrium, in: J. EATWELL, M. MILGATE u. P. NEWMAN (Hg.), The New Palgrave. A Dictionary of Economics, Vol. 2, London (MacMillan)/New York (Stockton Press), S. 498–512.

MISES, L. (1922): Die Gemeinwirtschaft. Untersuchungen über den Sozialismus, Jena (Fischer).

MUNSBERG, H. (1994): Der Verlauf von Markträumungsprozessen in den Branchen des Verarbeitenden Gewerbes der Bundesrepublik Deutschland. Eine Analyse von Differenzmengen- und Preis-Indikatoren für das Koordinationsmängelkonzept, Berlin u. a. O. (Lang).

NAGEL, F. (1999): Der Renditenormalisierungsprozeß. Theoretische Grundlagen und empirische Messung von Differenzrenditen und Kapazitätsvariationen im Verarbeitenden Gewerbe. Eine Untersuchung für das Koordinationsmängel-Diagnosekonzept, Bergisch Gladbach/Köln (Eul).

NEGISHI, T. (1998): Tâtonnement and recontracting, in: J. EATWELL, M. MILGATE u. P. NEWMAN (Hg.), The New Palgrave. A Dictionary of Economics, Vol. 4, London (MacMillan)/New York (Stockton Press), S. 589–596.

O. V. (1998): In der Milchwirtschaft ist die Macht des Einzelhandels groß, in: FAZ Nr. 259 v. 15. 10. 98, S. 20.

PANICO, C., u. F. PETRI (1998): Long-run and short-run, in: J. EATWELL, M. MILGATE u. P. NEWMAN (Hg.), The New Palgrave. A Dictionary of Economics, Vol. 3, London (MacMillan)/New York (Stockton Press), S. 238–240.

REDER, M. (1982): Chicago Economics: Permanence and Change, in: Journal of Economic Literature, Vol. XX, S. 1–38.

SCARF, H. E. (1998): Computation of general equilibria, in: J. EATWELL, M. MILGATE u. P. NEWMAN (Hg.), The New Palgrave. A Dictionary of Economics, Vol. 1, London (MacMillan)/New York (Stockton Press), S. 556–561.

SCHENGBER, R. A. (1996): Marktabgrenzung und Machtmessung. Eine Analyse von Methoden und Indikatoren für das Koordinationsmängel-Diagnosekonzept, Bergisch Gladbach/Köln 1996 (Eul).

SCHMIDTCHEN, D. (1995): Unternehmertum, Wettbewerb und Evolution: Anmerkungen zu Helmut Arndts Theorie der Wirtschaftsentwicklung, in: Jahrbücher für Nationalökonomie und Statistik, Band 214/5, A. 601–623.

SEBBEL-LESCHKE, B. (1996): Technischer Fortschritt. Eine Analyse zur Funktionsfähigkeitsprüfung des Produkt- und des Verfahrensfortschrittsprozesses im Rahmen des Konzeptes zur Koordinationsmängeldiagnose, Bergisch Gladbach/Köln 1996 (Eul).

SMITH, V. L. (1998): Experimental methods in economics (II), in: J. EATWELL, M. MILGATE und P. NEWMAN (Hg.), The New Palgrave. A Dictionary of Economics, Vol. 2, London (MacMillan)/New York (Stockton Press), S. 241–249.

ULPH, A. M., u. D. T. ULPH (1975): Transaction Costs in General Equilibrium Theory. A Survey, in: Economica, Vol. 42, S. 335–372.

WAGNER, R. E. (1978): Final Remarks, in: Atlantic Economic Journal, Vol. 6/3 (Suppl.), S. 65–69.

WALKER, D. (1996): Walras's market models, Cambridge/Mass. (Cambridge University Press).

WILSON, R. (1998): Bidding, in: J. EATWELL, M. MILGATE u. P. NEWMAN (Hg.), The New Palgrave. A Dictionary of Economics, Vol. 1, London (MacMillan)/New York (Stockton Press), S. 238–241.

ZENTRUM FÜR EUROPÄISCHE WIRTSCHAFTSFORSCHUNG (1999): Innovationsreport: Elektrotechnik, in: ZEW Branchenreport, 6. Jg., Nr. 9.

GPSR Compliance

The European Union's (EU) General Product Safety Regulation (GPSR) is a set of rules that requires consumer products to be safe and our obligations to ensure this.

If you have any concerns about our products, you can contact us on ProductSafety@springernature.com

In case Publisher is established outside the EU, the EU authorized representative is:

Springer Nature Customer Service Center GmbH
Europaplatz 3
69115 Heidelberg, Germany

Batch number: 10809636

Printed by Printforce, the Netherlands